사회교과 문해력을 높이는
개념어 교실

사회교과 문해력을 높이는

강태형 지음

개념어 교실

사회 선생님이 정리한
사회과 필수 용어 136가지

유아이북스
Ultimate Information

어른이 되어서도 뉴스에 나오는 사회 용어를 이해하지 못하는 사람이 많습니다.

사회 교과를 단순히 암기 과목으로 치부해 공부했던 영향이 큽니다. 교과서에 나오는 단어들 개념을 이해하려고 하지 않고 무턱대고 외웠기 때문이지요. 신문이나 방송에 나오는 정치, 경제, 사회 뉴스를 제대로 이해하려면 어린 시절부터 사회 교과목에 대한 문해력을 높여야 합니다. 이 책을 기획한 이유가 여기에 있지요. 여기 나온 용어들을 하나하나씩 이해하다 보면 통합적인 사고력을 요구하는 요즘의 입시전형에도 도움이 될 뿐만 아니라, 세상을 바라보는 세계관도 넓힐 수 있습니다.

사회 과목에 나오는 기본 개념들을 알기 쉽고 흥미진진하게 풀어놓았기에 교과를 이해하기 쉬워지면서 공부하는 재미도 생길 것이라고 자부합니다.

초등학교 3학년부터 중학교 3학년 때까지는 '사회'라는 이름의 교과서를 사용하지만, 고등학교 1학년은 '통합사회', 고등학교 2학년부터는 사회탐구 영역으로 세부적으로 분과된 과목으로 배우게 됩니다. 분류 체계가 복잡해 보이지만 사회과를 단순히 보면, 크게 사회와 문화, 정치와 법, 지리 분야로 구분할 수 있습니다. 이 책에서는 그 안에서 정치, 경제, 사회, 심리 분야의 개념어들에 집중하고자 합니다.

정치란 '나라와 국민을 법에 따라 다스리는 일'입니다.

우리나라는 민주주의 사회이며 법치 국가입니다. 정치를 하려는 사람은 선거에 출마해야 하고, 국민은 투표를 통해 정치인들을 뽑습니다. 정치인들은 법을 만들고, 법에 따라 다스리며, 법에 따라 심판합니다.

1장, 5장 등 정치의 장에서는 정치의 체제, 선거, 투표, 법 등을 다루었습니다.

경제란 '물건과 서비스를 사고파는 인간의 행위'입니다.

우리나라는 자본주의 사회입니다. 노동자는 물건을 만들거나 서비스를 제공하고, 사용자는 시장에 물건과 서비스를 팔려고 마케팅합니다. 사용자가 물건을 팔게 되면 돈을 받게 되는데, 이 돈이 제대로 노동자에게 돌아가는지를 관리 감독하는 것은 정부입니다.

2장, 3장, 8장 등 경제의 장에서는 노사정, 시장경제, 금융, 마케팅 등을 다루었습니다.

사회란 '사람이 무리 지어 살아가는 것'을 말합니다.

우리나라는 평등하고 차별 없는 사회를 지향하고 있습니다. 그러기 위해서는 국민 스스로가 차별을 줄이기 위해 노력해야 하고, 언론이 정직해야 합니다. 그것이 우리나라에 충성하는 일이고 애국하는 것입니다.

4장, 6장, 7장 등 사회의 장에서는 사회에서 일어나는 각종 차별과 군대 이야기, 인권, 언론 등을 다루었습니다.

심리란 '의식과 마음의 상태를 설명하는 것'입니다.

사회란 인간이 모여서 이루어집니다. 인간 사이의 관계가 잘못되면 마음의 상처를 받게 됩니다. 또한 심리를 이용해서 나쁜 일을 저지르는 인간들도 있습니다. 행복한 인간과 건전한 사회 그리고 범죄 예방을 위해서라도 심리는 반드시 알아야 합니다.

9장 이후 심리의 장에서는 인간의 심리와 심리를 이용하는 방법 등을 다루었습니다.

일단 사회과의 개념을 이해하고 나면 자신이 '사알못'에서 '사잘알'로 바뀌었다는 것을 알 수 있을 것입니다.

사회의 장, 심리의 장에 나왔던 내용은 고등학교 1학년 통합 사회에서 다시 배우게 됩니다.

정치의 장에서 다루는 개념은 고등학교 때 진로 선택 과목인 정치라는 과목과 법과 사회라는 과목에 그대로 나옵니다.

경제의 장에서 나온 이야기는 고등학교 때 진로 선택 과목인 경제, 융합 선택 과목인 금융과 경제생활에서 더 깊이 다루게 됩니다.

중학생 여러분들은 고등학교로 진학하더라도 이 책을 후배나 동생에게 물려주지 마시고 가지고 계시기 바랍니다. 대학에 들어간 후 물려주어도 늦지 않습니다.

이 책이 나올 수 있도록 원고를 흔쾌히 받아주신 유아이북스에 감사의 말씀을 드립니다. 원고를 편집하고 다듬는데 수고해 주신 이수현 에디터님을 비롯한 여러분들에게도 감사의 말씀을 전합니다.

차 례

들어가는 글   5

 **1장 정 치**   14

정치와 경제 · 춘추전국 · 왕국과 공국 · 사대주의 · 혁명과 정변 · 좌익과 우익
군주제와 공화제 · 권력분립 · 미제앞잡이와 북괴 · 나치와 공산당 · 총통과 서기장
과거와 고시 · 시민권과 투표권 · 직접선거와 간접선거 · 정당과 국회
중우정치와 철인정치 · 여론조사와 신뢰도 · 면후심흑

2장 노 사 정 (노동자, 사용자, 정부)   52

시장 · 자본주의와 공산주의 · 노동절 · 보이콧과 사보타주 · 사업 · 회장과 CEO
EQ · 1%의 영감과 99%의 노력 · 정경유착 · 가렴주구 · 둠스데이 북 · 고다이바 부인
창문세 · 대동법 · IRS

 **3장 금 융**   84

상품화폐와 금속화폐 · 금화 · 땡전 · 위조화폐 · 원숭이와 돈 · 은행 · 돼지저금통
수표와 어음 · 예금과 대출 · 파산 · 지급준비제도 · 채권과 선물투자 · 네덜란드 튤립 거품
미시시피 거품 · 남해 거품 · 폰지사기 · 복권

4장 군사   118

현충일 · 데프콘과 진돗개 · 군대의 편제 · 군대의 계급 · 장군과 제독 · 특수부대
전우애와 임전무퇴 · 군사력

5장 법   136

헌법과 법 · 법과 린치 · 긴급피난 · 게임 금지법 · 소송과 재판 · 미란다 원칙 · 우악
시체 장사 · 해적을 대하는 법 · 수산나의 재판 · 프리네의 재판 · 찰리 채플린의 재판
악마의 변호사 · 곤장 · 단두대 · 법의학

6장 인권   170

프론티어쉽 · 게토 · 터스키기 매독 생체실험 사건 · 그린북 · 이오지마 · 백정
부르주아와 프롤레타리아 · 엿 먹이다 · 양키와 레드넥 · 노인직 · 피터팬 신드롬
헬렌 켈러 · 드레스 코드 · 왼손잡이 · 동물 무기

7장 언론   202

황색언론 · 투탕카멘의 저주 · 사이공식 처형 · 언론의 위험성
베를린 장벽 붕괴

8장 마케팅 214

마케팅 · 페리숑씨의 여행 · 쿠폰 · 훌륭한 광고 · 다이아몬드 · 도시 광산
신문지 · 생리대와 화장지 · 포스트잇 · 폭스바겐 비틀 · MS-DOS와 V3
리버스 엔지니어링과 카피캣

9장 심리 240

성격장애 · 사이코패스와 소시오패스 · 내로남불 · 사후판단 편향 · 확증편향
생존편향 · 정신승리 · 평균으로의 회귀 · 승리자의 위로 · 공포증 · 콤플렉스와 증후군
뮌하우젠 · 리플리와 아나스타샤 · 영화 증후군 · 스톡홀름 증후군과 리마 증후군

10장 사기와 기만 268

거짓말 탐지기 · 수맥 · 두뇌 10% 사용설 · 바이오리듬 · 인지 부조화 · 오파츠
파레이돌리아

11장 인간 조종 288

가스라이팅 · 플라세보 효과와 노시보 효과 · 가도멸괵과 소탐대실 · 조건반사 · 넛지
밀그램의 복종 실험 · 마시멜로 실험 · 깨진 유리창 이론

1장

정치

정치와 경제

정치의 뜻을 알아보겠습니다.

정正+攵의 원래 뜻은 적을 공격하는 것입니다. 正이라는 한자 위에 있는 一은 囗가 변한 것으로 벽으로 둘러싸인 성을 나타내고, 止는 발의 모양을 나타냅니다. 즉, 성을 향해 전진하는 것을 나타낸 글자입니다. 正에다가 막대기를 들고 때리는 손을 표현한 칠 복攵까지 붙였으니 政은 무력으로 외적을 공격한다는 뜻입니다. 치治는 물氵을 막는 둑台을 의미합니다. 즉, 물을 다스린다治水는 것입니다. 바깥으로는 외적을 막고, 안으로는 농사를 잘 지을 수 있도록 물관리를 한다는 의미이지요.

경제의 뜻도 알아보겠습니다.

중국 수나라 때 유학자 왕통(?~617)이 쓴 《문중자文中子》에 경세제민經世濟民, '세상을 다스려서 백성을 구제한다'라는 말이 나옵니다. 경세제민이야말로 유교에서 추구하는 궁극적 과제입니다. 이를 줄인 말이 경제經濟인데 정치나 경제나 결국 '사람을 잘 살게 한다'라는 의미입니다.

영어의 폴리틱스Politics는 그리스어로 '도시의'란 뜻의 폴리티코스πολιτικός에서 비롯되었습니다. 고대 그리스는 도시 자체가 국가였으니 폴리티코스는 나라를 다스리는 일을 의미합니다.

이코노미economy는 그리스어 오이코노모스οικονόμος에서 온 말입니다. 오이코οικο는 가정, 노모스νόμος는 법입니다. 합치면 '가정을 관리하는 법'이라는 의미입니다. 관리하는 규모가 국가 수준이면 폴리틱스, 집안 수준이면 이코노미라고 하는 것 같습니다.

현재 폴리틱스는 '가치의 권위적 배분'을 뜻하는 말로 사용되고, 이코노미는 '재화를 생산하고 소비하는 인간 행위'를 뜻하는 말로 사용됩니다. 19세기 일본은 근대화를 추진하면서 현재 우리가 쓰는 수많은 학문적 용어를 번역하는데, 폴리틱스를 '정치', 이코노미를 '경제'라고 번역합니다.

저는 폴리틱스의 번역이 잘못되었다고 생각합니다. 정치라는 단어는 왕조 국가에서 지배층들이 평민들에게 은혜를 베푼다는 속뜻도 있기 때문입니다. 지금은 민주주의 시대이니 폴리틱스를 봉사라고 번역하는 것이 좋을 것 같습니다.

춘추전국

춘추 다음 시대는 전국시대입니다. 춘추시대는 공자가 저술한 역사서 《춘추》에서 유래했고, 전국시대는 전한의 학자 유향이 저술한 역사서 《전국책》에서 유래합니다.

기원전 453년경에 진晉나라에서 내전이 벌어지더니, 한나라, 위나라, 조나라 세 개 국가로 나뉘게 되면서 전국시대가 시작됩니다. 춘추시대에는 형식상으로나마 주나라를 인정하고 스스로를 제후라고 불렀습니다. 그리고 제후가 다른 나라를 공격하여 합병하는 것은 있을 수 없는 일로 여겼습니다.

하지만 시간이 지나자 더 이상 주나라를 인정하지 않았고 제후들은 자신을 왕으로 부릅니다. 그리고 다른 나라를 공격해 합병시키며 전쟁이 수시로 벌어졌기에 전국戰國시대가 된 것입니다. 그 때문에 많은 사람이나 집단이 서로의 능력을 겨루는 것을 춘추전국시대에 비유하기도 합니다.

춘추전국시대에는 서로 살아남기 위해 신분과 관계없이 능력 있는 인재를 모집하고 기술을 발전시킵니다. 그래서 사상적으로는 제자백가라 불리는 다양한 사상이 탄생하였고, 도구도 청동기가 아니라 철기로 제작되는 등 문화가 폭발적으로 발달합니다.

전국시대 말에는 큰 나라가 작은 나라를 잡아먹어 연燕, 조趙, 제齊, 위魏, 한韓, 초楚, 진秦 7개국만 남게 되는데 이 나라들을 전국칠웅이라 합니다. 진나라가 중국을 통일하면서 춘추전국시대는 끝이 납니다. 그리고 진나라는 봉건제를 폐지하고, 지방을 군郡과 현縣으로 나눠 황제가 임명한 관리를 통해 다스리는 군현제를 시행합니다.

일본에도 전국시대가 존재합니다. 15세기말 일본을 다스리는 천황의 권위가 떨어지자, 각 지방의 영주인 다이묘들이 독립하여 나라를 세우고 다른 나라를 차지하는 시대가 됩니다. 이를 전국시대의 일본식 발음을 따서 센고쿠 시대라 합니다. 중국의 전국시대와 마찬가지로 신분과 관계없이 능력자를 모집하였고, 심지어 능력을 갖춘 사람이 다이묘가 되기도 했습니다.

100년에 걸친 전국시대는 오다 노부나가란 인물에 의해 정리가 되었고, 노부나가가 부하의 배신으로 죽자 도요토미 히데요시가 날름 받아 전국시대를 끝내고 일본을 통일합니다.

왕국과 공국

　봉건 제도의 반대는 중앙집권제와 관료제입니다. 중앙에서 파견된 관료가 왕을 대신하여 다스리는 것입니다. 중국은 봉건제에서 독립된 여러 국가로, 다시 통일된 중앙집권제 국가로 발전합니다. 반면에 유럽은 로마라는 통일된 중앙집권제 국가에서 봉건제로, 다시 분리된 여러 국가로 발전합니다. 로마 제국이 멸망한 후 게르만족의 일부인 프랑크족은 서유럽과 중부 유럽을 거의 다 차지하며 사실상 제국 같은 프랑크 왕국을 세웁니다.

　프랑크 왕국의 황제는 봉건 제도를 실시하여 자신의 부하나 혹은 지방의 유력자에게 작위와 땅을 나누어줍니다. 작위란 제후에게 내리는 칭호로 서열에 따라 공작, 후작, 백작이라고 불립니다. 이들이 지방에 세운 나라는 각각 공국, 후국, 백국이라 합니다. (중세에는 공작보다 지위가 높은 대공大公, 영어로는 Prince로 불리는 이들이 있었습니다. 대공이 다스리는 나라는 대공국이라고 합니다.)

　프랑스의 봉건국인 노르망디 공국의 윌리엄은 잉글랜드를 정복해 왕이 됩니다. 그 후 잉글랜드 왕은 프랑스 왕과 기묘한 관계가 형성되는

데 왕으로서는 대등한 위치지만, 동시에 노르망디 공으로 프랑스 왕의 신하가 된 겁니다. (영국 왕이 아니라 잉글랜드 왕입니다. 영국은 잉글랜드, 웨일스, 스코틀랜드, 아일랜드가 합쳐져 만들어진 국가입니다.)

잉글랜드 왕은 노르망디가 자신의 땅이라고 생각했겠지만, 프랑스 왕은 봉건제도에 따라 나누어 준 땅으로 노르망디가 프랑스 국토라고 생각합니다. 결국 노르망디를 놓고 서로 다투다가 1337년 잉글랜드와 프랑스의 전쟁이 발발합니다. 100년 동안 이어진 전쟁에서 결국 프랑스가 승리하고 잉글랜드 왕은 노르망디와 노르망디 공작 작위를 상실합니다.

공국, 후국, 백국은 사라졌지만 대공국은 현재도 남아있습니다.
리히텐슈타인, 모나코, 안도라, 룩셈부르크가 대공국입니다.

사대주의

사대는 섬길 사事에 큰 대大로 즉, 큰 나라인 중국을 섬기는 것을 말합니다. 사대는 중국의 책봉과 조선의 조공으로 이루어지는데 중국의 황제가 조선의 왕을 승인해 주는 것이 책봉이고, 책봉을 받은 조선은 답례로 예물을 바치는 것이 조공입니다. 여기서 황제는 책봉국을 보호할 의무가 있습니다.

사대는 당시 동양의 초강대국인 중국과 적대하다가는 국가가 사라질 수도 있었기에 어쩔 수 없는 선택이었습니다. 그렇지만 사대를 통해 실제로 도움을 받은 때도 있었습니다. 임진왜란이 일어나자 조선은 명나라에게 도움을 청하고, 명나라는 조선을 구하기 위해 원군을 파병합니다. 비록 명군의 행패가 극심했지만 그들의 도움으로 평양성을 탈환하면서 왜군을 남쪽으로 밀어낼 수 있었습니다.

그러나 사대는 여전히 조선의 자주권을 심각하게 위협하는 정책입니다. 공양왕 재위 시절 윤이와 이초는 이성계에게 쫓겨 명나라로 망명하면서, "이성계는 이인임의 아들이고, 이인임은 공민왕을 시해했고, 아들인 이성계는 우왕, 창왕을 시해했다"란 거짓 보고를 올립니다. 명에서는 이 보고를 그대로 기록에 남깁니다.

현대인의 눈으로 보자면 별것 아닙니다. 기록이 잘못되었으니 고쳐 달라고 요구를 한 것이고, 고쳐주지 않으면 외교를 단절해 버리면 그만입니다. 하지만 당시 명나라를 사대하는 조선에서 국교를 단절한다는 것은 상상조차 할 수도 없는 일입니다. 그래서 조선은 고쳐 달라는 요청을 계속하는데 이를 종계변무라 합니다. 종계宗系는 '왕가의 계통', 변무辨誣는 '억울함을 변호한다'라는 의미입니다. 이 기록이 바뀐 것은 무려 200년 후입니다.

이 종계변무 사건은 조선에서는 임진왜란보다도 큰 사건으로 여겨졌습니다. 실록의 기록에 따르면 선조의 업적 중 가장 큰 것은 임진왜란을 해결하기 위해 명군을 불러들인 것이 아니라, 종계변무를 해결한 것입니다. 그래서 우리나라만을 인정하고 다른 나라를 무시하는 국수주의자들은 사대를 '사대주의'라고 부르며 조선의 자주권을 중국에 갖다 바쳤다고 비판합니다.

이제는 우리나라도 강대국이 되었으니 이런 일이 없으리라 생각됩니다.

자국의 문화를 낮게 보고 다른 사회의 문화를 추종하는 것은 문화 사대주의라고 합니다. 되지도 않는 영어를 섞어 쓴다던가 국수를 포크로 먹는 것 등이 문화 사대주의입니다.

혁명과 정변

1980년대에는 '5.16혁명'이라는 말을 썼습니다. 21세기에는 '5.16 군사정변'이라고 표현합니다. 아무튼 혁명은 좋은 뜻이고 정변은 나쁜 뜻이라는 것은 알겠는데 정확한 차이는 무엇일까요? 혁명革命은 대단히 오래된 말입니다. 무려 《주역》 '택화혁괘'에 나옵니다.

天地革而四時成 湯武革命順乎天而應乎人
천지혁이사시성 탕무혁명순호천이응호인
(하늘과 땅이 바뀌어 네 철을 이루듯 은나라 탕왕과 주나라 무왕의 혁명은 하늘의 뜻을 따라 사람들의 요청에 응한 것이다.)

사람이 입을 수 있도록 생가죽을 가공하는 것을 무두질이라고 하며 한자로는 革(혁)이라고 합니다. 여기에 빗대어 사회나 정치체제를 바꾸는 것도 혁(革)이라 합니다.

동양에서 왕은 천명天命, 하늘의 명령에 따라서 된 것으로 여겼습니다. 그래서 왕조가 교체되면 천명이 바뀌었다는 의미로 혁명이라고 합니다. 동양에서의 혁명은 왕조 국가라는 틀을 유지한 채 왕족만 바뀌었습니다. 왕족이 바뀌면 당연히 왕족의 성姓이 바뀝니다. 예를 들어 고려의 왕 씨에서 조선의 이 씨로 바뀌었는데 이를 역성易姓혁명이라고 합니다.

1789년 프랑스는 레볼루션revolution을 통해 프랑스를 다스리던 부르봉 왕가가 무너지고 시민들에 의한 공화국이 들어섭니다. 즉, 왕조 국가에서 공화국으로 정치 체제가 바뀌었습니다.

인명人命이 천명이라고 여긴다면 레볼루션을 혁명으로 번역해도 될 것 같습니다. 정변이란 비합법적 수단을 동원하여 정권을 잡는 것을 말합니다. 1884년(갑신년) 12월 4일, 김옥균을 중심으로 한 급진 개화파가 일으킨 정변은 갑신정변이라고 합니다. 군사 정변은 프랑스어로는 '국가État의de 타격coup'이라는 의미로 쿠데타Coup d'État라고 합니다.

좌익과 우익

　11세기 유럽에서는 도시가 발전하면서 도시의 시민들도 부유해집니다. 유럽의 도시들은 대체로 성을 쌓아 도시를 보호했고, 그 도시의 시민들은 프랑스어로 성안의 사람이라는 의미의 부르주아라고 불리게 됩니다. 프랑스의 부르주아들은 귀족과 같은 권리를 요구했는데 왕과 귀족들은 그들의 요구를 들어주지 않고 자신들의 낡은 체제Régime인 앙시앵 레짐Ancien Régime을 고수합니다. 이에 부르주아인 중산계급과 시민계급은 협력하여 혁명을 일으켜 앙시앵 레짐을 몰아냅니다.

　프랑스혁명이 성공한 후 프랑스에서는 새 정부를 구성하기 위한

국민 의회가 소집됩니다. 부르주아와 일부 귀족들로 구성된 왕당파는 왕은 있으나 헌법의 제한을 받는 입헌군주제를 주장합니다. 반면에 대다수 시민계급은 국민이 주권을 행사하는 공화제를 주장합니다.

국민의회가 열리자 서로 섞이기 싫었던 두 집단은 의장석을 기준으로 오른쪽에는 왕당파, 왼쪽에는 공화파가 앉았습니다. 이 모습을 새의 날개에 빗대어 좌익左翼, Left Wing, The Left과 우익右翼, Right Wing, The Right이라고 불렀습니다. 결국 라파에트와 미라보가 이끄는 우익이 승리하고 1791년 9월 프랑스는 입헌군주제가 됩니다.

그런데 국민 의회가 해산되고 입법의회가 들어서자 이번에는 우익이 분열합니다. 온건한 변화를 주장하는 사람들은 지롱드당, 급진적인 변화를 주장하는 사람들은 자코뱅파로 다시 갈리게 됩니다. 의장석을 기준으로 왼쪽에 앉은 자코뱅파는 좌익, 오른쪽에 앉은 지롱드당은 우익이 됩니다.

1792년 프랑스 혁명의 불똥이 자신들에게 튈까 염려한 프로이센과 오스트리아는 연합하여 프랑스를 공격하고 이를 기회로 로베스피에르가 이끄는 자코뱅파는 쿠데타를 일으켜 루이 16세와 지롱드당 인사들을 숙청하고는 공화제 새 정부인 국민공회를 출범시킵니다. 이때부터 우익은 전통을 지키려는 보수적인 집단, 좌익은 세상을 바꾸려는 진보적인 집단을 가리키게 됩니다.

정치가 잘 되려면 좌익, 우익이 똑같은 힘을 가지고 있어야 합니다.

새는 양쪽 날개로 날아갑니다. 한쪽 날개로는 절대로 날 수 없습니다.

군주제와 공화제

전제군주제는 군주라는 1인이 주권을 가진 정치체제입니다. 군주는 국가를 대표하며 입법권, 행정권, 사법권을 모두 가지고 독재합니다. 군주가 다스리는 지역의 크기에 따라 동양에서는 황제皇帝, 왕王, 공公 등으로 부르며, 서양에서는 엠페러Emperor(황제), 킹King(왕), 프린스Prince(대공), 듀크Duke(공) 등으로 부릅니다. 1인 독재를 하는 참주와 군주의 차이는 신분의 차이입니다. 군주는 혈통이나 신분에 의해 결정되지만, 참주는 실력으로 독재자가 된 사람입니다.

그리고 일반적인 생각과는 달리 군주 자리는 자식에게 반드시 세습되는 것은 아닙니다. 물론 대부분은 세습되지만, 선거에 의해 군주를 뽑을 수도 있습니다. 신성로마제국의 황제는 황제 선출권을 가진 선제후의 투표에 의해 선출됩니다.

그런데 근대가 되어 국민의 인권에 대한 인식이 높아지면서, 군주라 해도 하늘이 준 국민의 인권을 침해할 수 없다는 천부인권 사상이 나타납니다. 부르주아들은 천부인권 사상이 담긴 헌법을 만들어 군주의 권력을 제한하게 되는데 이것이 입헌군주제입니다.

현대의 입헌군주제 국가에서는 입법권, 행정권, 사법권도 입법부, 행정부, 사법부로 넘어가서 군주가 정치적 권한이 없는 경우가 대부분입니다. 영국, 태국 등이 입헌군주국입니다. 일본은 1889년 2월 11일 대일본제국헌법이 공포되면서 입헌군주제 국가가 됩니다. 당시 일본의 연호가 메이지였기 때문에 이를 메이지 유신이라고 합니다. 대학 신민장에 '詩日周雖舊邦其命維新(시왈주수구방기명유신)'이라는 구절이 있습니다. 의미는 '시에 말하기를 주나라가 비록 옛 나라지만, 그 명은 오히려 새롭다'입니다. 여기에서 유신은 '혁명에 버금가는 개혁'이라는 의미를 갖게 됩니다. 우리나라 제4공화국 유신헌법도 여기서 따온 말입니다.

공화제는 군주제와는 상대되는 제도로 국가를 국민이 협의하여 공동으로 소유하는 체제입니다. 공화제를 추구하는 나라가 공화국입니다. 고대의 로마, 중세의 이탈리아 여러 도시 국가(베네치아, 제노바, 피렌체 등)들이 공화국이었습니다. 근대에는 미국 독립 혁명과 프랑스 혁명으로 인해 수많은 공화국이 생겨납니다. 현존하는 아시아에서 가장 오래된 공화국은 신해혁명 직후인 1912년 건국된 중화민국입니다.

권력분립

　권력분립이란 국가의 권력을 분리하여 서로 견제하게 함으로써 권력의 남용을 막고, 국민의 권리와 자유를 보장하는 국가 조직의 원리입니다. 특히나 국가의 권력이 국민에게 있는 공화국에서는 반드시 지켜져야 하는 원리 중 하나입니다.

　역사적으로는 절대 왕정 말기 부르주아들이 왕과 귀족이 가지고 있던 권력을 견제하기 위해 국민의 대표인 의회가 입법권을 가져야 한다고 주장한 것이 유래입니다. 존 로크는 행정과 사법, 입법의 이권분립을 주장했고, 몽테스키외는 입법, 사법, 행정의 삼권분립을 주장했습니다.

　입법권이란 법률을 제정할 수 있는 권리로 우리나라에서는 국회가 가지고 있으며, 수장은 국회의장입니다. 행정권이란 법의 규제를 받으면서 국가 목적 또는 공익을 실현하기 위하여 행하는 능동적이고 적극적인 국가 작용입니다. 행정부가 가지고 있으며 수장은 대통령입니다. 사법권이란 구체적인 사건에서 기존에 존재하는 법을 해석, 적용하여 권리 및 의무관계를 확정하는 일로써 주로 재판을 통해 이루어집니다. 법원이 가지고 있으며 수장은 대법원장입니다.

　중화민국을 세운 쑨원은 더 나아가 공무원들의 행동을 감시하고 조

사하는 감찰과 공무원 선발 시험인 고시까지 분리한 오권분립을 주장합니다. 실제로 중화민국에는 감찰원과 고시원이 존재합니다.

우리나라는 입법, 사법, 행정이 분리된 삼권분립 체제입니다. 하지만 실제로는 오권분립이라 할 수 있습니다. 국회(입법), 법원(사법), 행정부(행정) 외에 헌법재판소와 중앙선거관리위원회가 독립된 기관입니다.

헌법재판소는 헌법재판을 전담하는 최고법원으로 1988년 9월 1일 설립되었습니다. 재판관은 아홉 명이며, 그중 한 명이 헌법재판소장으로 임명됩니다. 대통령 탄핵, 정당 해산, 수도 이전 같은 국가적인 사건을 다룹니다. 헌법재판소가 설립되기 전에는 대법원에서 헌법재판을 하였습니다.

중앙선거관리위원회는 우리나라의 선거와 국민투표를 관리하고 정당과 정치자금에 관한 일도 처리합니다. 그래서 대통령이나 국무총리, 국회의장, 대법원장, 헌법재판소장, 중앙선거관리위원회 위원장을 5부 요인이라고 합니다.

미제앞잡이와 북괴

북한은 우리나라를 미 제국주의 앞잡이라고 비난하고, 우리나라는 북한을 북괴라고 비난합니다. 미 제국주의 앞잡이란 무슨 뜻일까요?

제국주의帝國主義, Imperialism는 강대국들이 강한 경제력과 군사력을 앞세워 다른 나라를 정치, 경제 및 문화적으로 지배하려는 사상입

니다. 이 사상은 다른 나라를 식민지로 삼음으로써 실천됩니다.

실제로 미국은 태평양을 건너 하와이, 필리핀을 침략하였습니다. 그리고 1871년 평양으로 와서 약탈을 일삼은 제너럴셔먼호가 침몰당한 것을 빌미로 우리나라를 침략합니다. 이를 '신미양요'라고 합니다.

북한이 우리나라를 미 제국주의 앞잡이라고 부르는 것은 우리나라 지도자들을 일제 친일파에서 미제 친미파로 바뀌었을 뿐이라고 비난하는 것입니다.

북괴는 무슨 뜻일까요? 북괴는 북한괴뢰北韓傀儡의 줄임말입니다. 괴뢰는 실을 달아 조정하는 꼭두각시 인형을 말합니다. 1948년 대한민국 정부가 수립된 이후, 우리나라는 북한이 소련의 꼭두각시 정권이라고 비난하였습니다. 소련도 미국 못지않은 제국주의 국가였으니 서로가 자주권이 없는 국가라고 비난한 셈입니다.

1991년 남북이 유엔에 동시 가입한 이후 북괴라는 표현은 잘 쓰이지 않게 되었고, 남북정상회담 직후인 2001년에는 국방부 문서에서도 북괴라는 명칭이 사라집니다. 그런데 북한은 아직도 미제앞잡이라는 말을 사용하고 있습니다.

사대와 사대주의가 다른 의미이듯이, 제국과 제국주의도 다른 의미입니다.

영국, 프랑스는 제국이었고 제국주의 국가입니다.

미국과 소련은 제국주의 국가이지만 제국은 아닙니다.

나치와 공산당

우익의 정치적 지향점은 '자유'입니다. 열심히 노력하면 다른 사람보다 잘 살 수 있다는 것이 기본적인 이념입니다. 특히 '다른 사람보다'라는 말을 주목해야 합니다. 사회 계층은 어쩔 수 없이 생긴다는 것이 우익의 주장입니다.

좌익의 정치적 지향점은 '평등'과 '분배'입니다. 사회적 계층을 타파하고 골고루 나누어 먹자는 것이 기본적인 이념입니다. 그러다 보니 자타를 구별하는 '국가'나 '민족'이라는 개념을 아주 싫어합니다.

좌익 중에서도 가장 극단적인 주장을 하는 집단은 극좌라고 합니다. 극좌인 공산주의의 경우 국가National 는 사라지고 국제International 만 남아야 한다고 주장합니다. 국가와 민족을 뛰어넘어 전 세계 노동자들이 단합하여 사회적 계층을 없애려고 합니다. 없애지는 못하더라도 가진 자의 것을 덜어서 못 가진 자들에게 분배하려는 사상을 가집니다. 좌익들을 대표하는 민중가요가 인터내셔널가International歌인 것도 이런 이유 때문입니다.

이름에 벌써 국가의 뜻이 담긴 나치Nationalsozialistische Deutsche Arbeiterpartei의 경우 극우익의 특징이 잘 나타납니다. 독일인들은 나치에게 열렬한 지지를 보냈고, 독일 공산당이 몰락해 버립니다. 왜 독일인들은 나치에게 이렇게 지지를 보냈을까요?

첫째, 다른 나라보다 잘 살게 해 주었습니다. 나치의 지도자였던 히틀러의 정책 중 하나가 집마다 차 한 대씩을 가질 수 있게 해 주겠다는 것이었습니다. 실제로 나치는 폭스바겐을 대량 생산하여 이를 실현시켰습니다.

둘째, 민족 우월주의 사상으로 독일 국민의 자존심을 높여줍니다. 독일에 유리하게 해석한 게르만족 역사를 학교에서 가르칩니다.

셋째, 자주성을 강조합니다. '외세의 간섭에서 독립한다'라는 생각은 1차 대전으로 실의에 빠진 국민에게 희망을 주었습니다.

그런데 국내 생산으로는 잘 살게 해주는 것이 한계가 있습니다. 또한 민족 우월주의 사상은 유럽 땅이 사실은 잃어버린 우리 땅이라는 논리로 발전합니다. 이러저러한 이유로 군비를 증강하고 급기야 다른 나라를 침략하게 됩니다.

좌익과 우익의 성향은 당명에서도 고스란히 드러납니다. 대체로 '민주'라는 당명이 들어가는 당은 좌익, '자유'나 '공화'라는 당명이 들어가는 당은 우익으로 여겨집니다.

총통과 서기장

공화제 국가에서 최고 지도자를 부르는 명칭은 다양합니다. 미국에서는 프레지던트President라고 하고 동양에서도 이를 발음 나는 대로 백리새천덕伯理璽天德이라고 했습니다.

그러다 동양 최초의 공화국인 중화민국이 들어서자, 백리새덕천을 번역하여 총통總統이라고 최고 지도자를 부르게 됩니다. 지금도 베트남에서는 국가의 최고 지도자를 총통의 베트남식 발음인 '똥통'이라고 합니다. 그래서 우리나라 대통령이 중국이나 베트남을 방문하면 한국 대통령이 아니라 한국 총통(똥통)이라고 합니다.

반면에 우리나라에서는 총통이라는 단어를 사용하지 않습니다. 나치의 최고 지도자였던 아돌프 히틀러의 직책명인 퓌러Führer를 총통으로, 스페인의 독재자 프란시스코 프랑코의 직책명인 카우디요Caudillo를 총통이라고 번역하면서, 총통이라는 단어가 독재자를 가리키는 의미가 되었기 때문입니다. 그래서 프레지던트를 대통령으로 번역하여 사용합니다.

공화국이지만 공산당 독재를 하는 국가에서는 국가 최고 지도자를 서기장이라고 부릅니다. 서기란 단체나 회의에서 기록 등을 맡아보는 사람입니다. 개인의 서기는 비서라고도 합니다. 서기들의 우두머리가 서기장입니다.

이렇게 말하면 그리 대단한 직책 같지 않지만, 소련 공산당의 서기장이었던 스탈린이 서기장의 직함을 유지한 채 공산당의 대표이자 소련의 최고지도자가 되면서, 서기장은 공산당이 독재하는 공산주의 국가에서는 국가 지도자를 부르는 칭호가 됩니다. 중국에서는 총서기, 북한에서는 총비서라고 합니다.

최고 지도자를 부르는 또 다른 명칭으로는 주석(主席)이 있습니다. 프레지던트(President)가 pre(앞에)+sident(앉은)이라는 의미이고, 회의를 주재하는 의장을 chair(의자)+man(사람)이라는 의미로 체어맨(Chairman)이라고 합니다. 주인(主) 되는 자리(席)라는 의미의 주석은 프레지던트나, 체어맨의 번역으로 매우 적절합니다. 하지만 북한, 중국 등 공산권 국가에서 최고지도자를 주석이라고 부르면서 우리나라에서는 잘 사용하지 않는 용어가 되었습니다.

과거와 고시

서양에서는 선거를 통해 관료를 뽑는 전통이 있지만 동양에서는 시험을 통해 관료를 뽑았습니다. 이를 과거라 합니다.

선거選擧 ↔ 과거科擧

과거시험의 답안지를 채점해 성적을 부여하고 등수를 결정하는 것을 고시라고 하는데 지금은 자격, 면허의 취득이나 공무원 선발을 위한 시험이라는 의미로 쓰입니다.

과거는 유교를 정치 이념으로 가지고 있던 한국과 중국, 베트남 지역에서 행해졌습니다. 중국 수나라 시대에 최초로 시행되었고 한국에서는 고려 때부터 쌍기의 건의로 고려 광종 9년 때 처음 시행됩니다.

조선시대 과거제도는 문과 무과, 잡과, 음서로 나누어지고 문과에서는 소과와 대과로 나누어집니다. 소과는 생원과 진사를 뽑는 시험이고 대과는 3년마다 치르는 정기시인 식년시와, 비정기시인 증광시, 별시, 알성시가 있습니다. 초시, 복시, 전시 순으로 시험을 치러 총 33명을 선발했습니다.

무과의 경우는 소과가 없으며 문과와 마찬가지로 초시, 복시, 전

시를 치러 총 28명을 선발합니다. 잡과의 경우는 전시가 없이 초시와 복시를 치릅니다. 과목으로는 역과(어문계열), 의과(한의학), 율과(법학), 음양과(천문학, 지리학, 점술가 등 도교적인 분야)가 있으며, 최종적으로 각각 9명을 선발합니다.

중국과 우리나라에서 실시된 과거제도는 신분제나 인맥에 의한 채용 혹은 돈을 주고 합법적으로 관직을 사던 서양인들에게 큰 충격을 줍니다. 영국은 동인도 회사의 직원을 채용할 때 서양에서 최초로 공개경쟁 채용 시험을 치르게 됩니다. 이 공개경쟁 채용 시험으로 유능한 인재를 뽑을 수 있다는 것이 증명되자 영국 정부는 1855년 영국 공무원 채용에도 시험 제도를 도입합니다. 그 후 서양의 각국이 줄줄이 따라 하면서 고시제도가 정착하게 됩니다.

즉 과거제도가 서양에서 고시 제도로 탈바꿈한 것이라고 할 수 있습니다. 과거시험과 마찬가지로 고시는 이른바 흙수저가 금수저가 될 수 있는 유일한 길입니다.

시민권과 투표권

　민주주의 국가에서 투표권은 그 나라의 국민에게만 주어집니다. 우리나라도 민주주의 국가이기 때문에 선거와 투표의 권리를 행사할 수 있습니다.

　하지만 고대 로마의 경우는 다릅니다. 여성에게는 시민권이 없었지만 로마의 충성하는 외국인이나 10년 간 노예 생활을 한 노예에게는 시민권이 주어졌습니다. 예를 들어 외국인이라도 로마의 군인으로 로마에 봉사하면 로마의 시민권을 가질 수 있고, 시민권이 있는 사람은 투표권도 가집니다.

　현재 프랑스도 외인부대원으로 3년간 임무를 수행하면 프랑스 국적을 신청할 자격을 줍니다. 자동 취득이 아니지만 임무 수행 중에 부상을 입으면 국적을 받습니다. 국가에 의무를 다한 사람에게만 권리를 주겠다는 의미이지요. 《스타쉽 트루퍼스》에서도 이 개념을 적용해서 시민과 민간인을 구별합니다.

　저는 개인적으로는 국민의 사대의무(국방, 납세, 교육, 근로)를 다

하지 않은 사람은 투표권을 빼앗으면 좋겠다고 생각합니다. 하지만 다시 생각해 보니 투표권은 우리의 선조들이 목숨 걸고 투쟁해서 얻어낸 커다란 유산이기도 합니다. 너무 쉽게 주어지지만, 그 소중함을 깊이 생각해야겠습니다.

고대 그리스의 아테네를 민주주의의 기원으로 생각합니다. 아테네는 직접민주주의 방식으로 투표권이 있는 사람들이 모두 모여 회의를 하고 투표를 하는 방식입니다. 아테네에서 투표는 만 18세 이상에 부모가 아테네 출신이며, 군사 훈련을 완료한 남자만 가능합니다. 아테네의 주민은 총 25~30만 명 정도였으며 이 가운데 유권자는 3~5만 명가량 됩니다. 이 가운데 의결정족수 6천 명이 모여야 민회가 개회됩니다. 하지만 참석률은 상당히 저조했다고 합니다.

그리스의 정치인인 페리클레스는 이를 방지하기 위해 민회에 가는 길 외에는 붉은 염료로 적신 굵은 동아줄을 매어놓았다고 합니다. 동아줄에서 염료가 뚝뚝 떨어지기 때문에 여기를 지나가게 되면 자동으로 옷에 빨간 줄이 그어지게 됩니다. 하지만 이러한 조치에도 민회 참석률이 낮다 보니 참석을 하는 사람에게 하루 일당까지 주었습니다. 아테네 민회는 1년에 40여 차례나 열렸기 때문에 투표 일당에 막대한 예산이 들어갔다고 합니다.

투표할 때는 나의 한 표가 선조의 피땀으로 만들어진 것이라는 생각을 가지고 신중히 선택하면 좋겠습니다.

직접선거와 간접선거

미국 국민은 대통령에게 직접 투표하지 않습니다. 우리나라처럼 투표용지에 대통령 후보 이름 같은 것은 없습니다. 미국 국민은 선거인단을 뽑습니다. 주마다 선거인단에 투표하는데 선거인단 수는 해당 지역의 하원 의원과 상원 의원 수를 합한 것으로 각 주의 인구 비례에 따라 할당돼 있습니다.

예를 들어 캘리포니아주는 선거인단이 55명입니다. 투표는 55명 각각을 뽑는 것이 아니라 55명이 소속된 정당에 투표하는 것입니다. 캘리포니아 주민들은 민주당과 공화당이 적혀있는 투표용지를 받아 한쪽에 투표합니다. 그러므로 미국에서 제3당 따위는 존재가치가 거의 없고, 이 선거인단이 대통령에게 투표합니다. 대통령을 직접 선거가 아니라 간접선거로 뽑는 것인데 그나마 여기까지는 그럭저럭 이해할 만합니다.

하지만 '승자독식 방식Winner-Take-All'은 도저히 이해가 안 됩니다.

승자독식 방식은 한 명이라도 더 많은 선거인단을 확보한 주는 모든 표를 가져간다는 것입니다. 캘리포니아주 선거인단 투표 결과 민주당 51%, 공화당 49%가 나오면 민주당 표 28, 공화당 표 27이 되는 것이 아니라 민주당 55표, 공화당 0표가 됩니다. (메인 주와 네브래스카 주는 제외입니다.) 이 때문에 전체 득표수에서는 이기고도 선거에서는 지는 경우가 여러 차례 있었습니다.

미국의 투표 제도가 이렇게 희한한 이유는 논리적인 방식이 아니라 정치인들의 타협의 산물이기 때문입니다.

정당과 국회

대표자 없이 구성원 전체가 직접 정치에 참여하여 의사결정을 하는 민주주의 제도를 직접 민주제라고 합니다. 고대 아테네가 직접 민주제였습니다.

국민의 수가 많은 현대의 민주주의 국가에서는 제도를 운용하기 어렵기 때문에 스위스처럼 인구가 작은 국가를 제외하고는 운용하지 않습니다.

대부분의 민주주의 국가는 선거를 통해 대표를 선출해 간접적으로 정치에 참여하는 간접 민주제를 채택하고 있습니다. 국민의 대표가 의논하는 모임인 의회를 통해 정치하기 때문에 대의민주제 또는 의회민주제라고도 합니다.

국민의 대표가 의논하는 모임을 국회라고 하고, 국민의 대표는 국회의원입니다. 국회의원들은 대부분 정당에 소속되어 있는데 정당이란 정권의 획득을 목표로 같은 뜻을 가진 사람이 모인 단체입니다. 다수결로 정책을 결정하는 의회의 특성상 정당으로 뭉쳐야 훨씬 유리합니다.

국회의원을 보유한 정당을 '원내정당'이라고 하고, 국회의원을 보유하지 않은 정당은 '원외정당'이라고 부릅니다. 국회의원 20명 이상이 모이면 교섭단체를 만들 수 있습니다. 교섭단체란 국회에서 어떤 일을 하려고 할 때 그 방법 등에 대해 모여서 협의할 수 있는 권한을 가진 단체입니다. 그래서 정당은 최소한 20명의 국회의원을 배출하기 위해 노력합니다. 또 정당은 여당과 야당으로 구별할 수 있습니다. 여당은 대통령이 소속된 정당이고, 야당은 대통령이 소속되지 않은 정당입니다.

대통령이 국가의 대표인 원수와 정부의 최고 지도자인 국가수반을 함께 하는 제도를 대통령중심제라고 합니다.

의회의 다수 의석 정당이 행정부(내각)를 구성하는 정치제도는 의원내각제라고 합니다. 의원내각제에서 최고 지도자는 수상이라고 합니다. 군주가 존재하는 영국이나, 일본이 의원내각제를 실시하고 있습니다.

독일은 국가의 대표로서 대통령과 행정부의 최고 지도자로서 수상이 함께 있습니다.

대통령은 선거로 뽑히기 때문에 임기가 보장되지만, 수상은 다수당의 당수가 맡기 때문에 임기가 정해져 있지 않습니다. 당수가 바뀌거나 정당이 소수당이 되어버리면 당연히 수상도 바뀝니다.

중우정치와 철인정치

중우정치衆愚政治, ὀχλοκρατία, ochlocracy란 시민의 대표자가 통솔력을 상실하였을 때 일부 정치가들이 감정에 의해 선동되기 쉬운 민중에게 조작된 정보를 제공하여 자신들의 의도대로 정치하는 것을 말합니다. 중우정치에는 다음과 같은 특징이 있습니다.

첫째, 대중적 인기에 이익을 위하여 아첨하며 쫓기

둘째, 개인의 능력과 자질, 기여도 등을 고려하지 않는 평등

셋째, 개인의 무절제와 무질서, 방치

플라톤은 그의 저서 '국가론'에서 철인 정치를 주장했습니다. 정치는 철학자인 철인이 해야 하는데 그들은 다음과 같은 과정을 따라 선발됩니다.

1. 모든 사람이 평등한 교육을 받은 후, 20세에 공정한 시험으로 뛰어난 인재를 선발한다.
2. 선발된 인재는 의무적으로 군 복무를 거친다.

3. 군 복무 후 10년간 수학, 과학, 음악 등의 집중교육을 받는다.

4. 선발된 인재를 대상으로 2차 선발을 한다.

5. 2차 선발자들은 5년간 철학 교육을 받은 후 15년간 실무 경험을 쌓는다.

6. 이들 중 우수한 사람에게 국가의 중대사를 맡긴다.

근대 민주주의 국가 대부분은 선출된 대표들에 의해서 정치가 행해지는 간접적 민주주의를 채택하고 있는데 어찌 보면 철인 정치와 비슷합니다. 하지만 간접 민주주의 체제에서도 대표들은 대중의 환심을 사야만 선출될 수 있으므로 중우정치의 폐단을 없애버렸다고 할 수 없습니다. 더구나 간접민주주의 정치는 자칫하면 서너 명의 사람이 정권을 잡는 과두정치나 한 명이 정권을 잡는 독재로 변질된 위험이 존재합니다.

사실 중우정치의 핵심적인 문제는 정치가 아니라 현명하지 않은 민중입니다. 아무리 훌륭한 정치인이 있다고 해도 민중이 멍청해서 그 정치인을 뽑을 능력이 없다면 모두 헛일입니다.

그래서 플라톤은 철인정치와 함께 중산정치를 주장합니다. 중산정치란 가난하지도, 부유하지도 않은 중산층이 생계를 떠나서 옳고 그름을 분별할 수 있다고 여겨서 그들이 정치를 주도하는 것을 말합니다. 중우정치를 극복하고 제대로 된 민주주의를 실현하려면 정치인도 잘나야 되지만 민중들도 제대로 된 정치인을 뽑을 정도로 교육받아야 합니다.

여론조사와 신뢰도

영국 보수당을 만들었으며 적극적인 제국주의 정책을 펼쳐 빅토리아 여왕 시기 영국을 세계 최고의 강대국으로 올려놓은 벤저민 디즈레일리는 다음과 같은 이야기를 했습니다.

"세상에는 3가지 거짓말이 있다. 그럴듯한 거짓말, 새빨간 거짓말, 그리고 통계이다."

통계조사 과정에서 옳지 않은 방법이 일어날 수 있으니 믿을 수 없다는 뜻입니다. 일반적인 통계도 이러지만 여론조사는 훨씬 치우친 결과가 나옵니다. 국내 정치 여론조사의 경우 집 전화 조사는 보수정당에 유리하고, 휴대전화 조사는 진보정당에 유리합니다. 왜냐하면 표본 선정의 편향성 때문입니다.

실제로 1930년대 미국의 리터러리 다이제스트에서는 구독자에게 엽서를 보내고 답장을 받는 방식으로 여론조사를 했습니다. 그래서 당시 공화당 후보가 민주당 후보를 꺾고 대선에서 승리할 것이라고 발표했으나, 실제로는 민주당 후보였던 프랭클린 루스벨트가 승리합

니다. 그 결과 2년 뒤엔 회사도 망했습니다. 2016년 미국 대통령 선거 때 힐러리와 트럼프의 경우도 여론조사와는 반대의 결과가 나왔습니다. 이쯤 되면 여론조사인지 여론 조작인지 애매모호해집니다.

여기에 얽힌 이야기를 하나 하겠습니다. 2+2는 얼마인지를 수학자와 통계학자와 여론조사기관에 묻습니다. 수학자는 '4'라고 대답하고 통계학자는 '신뢰수준 100%에서 표본오차 0% 편차 0%이며 4'라고 대답합니다. 여론조사기관은 의뢰자에게 다시 묻습니다.

'어떤 숫자를 원하십니까?'

면후심흑

정치인의 조건은 무엇일까요? 리쭝우란 사람이 중국 역사에 이름을 남긴 통치자는 어떤 특징이 있는가 하고 연구하다가 문뜩 깨우친 것이 있습니다. 그리고 1911년 쓰촨성 청두의 공론일보에 글을 싣게 됩니다. 이 글은 엄청난 반향을 일으키며 1917년에는 청두의 국민공보에서 《후흑학厚黑學》으로 발행되기까지 합니다.

그 내용은 '면후심흑面厚心黑.' 즉, 얼굴 두껍고 마음이 시커먼 인간이 이름난 통치자가 되더라는 것입니다. 그러면서 삼국시대 영웅들의 예를 드는데 정말 가슴을 후벼 파는 느낌입니다. 조조가 장제의 조카 '장수'의 항복을 받아낸 후 그의 근거지인 완성에 무혈입성합니다. 하지만 장제가 마음이 바뀌어 조조군을 기습합니다. 불의의 기습으로 조조는 죽을 위기에 처했는데 그때 아들인 조앙이 아버지에게 말을 넘겨줍니다. 그런데 조조가 날름 그 말을 타고 도망을 칩니다. 덕분에 조앙은 죽습니다.

유비는 평생을 도망치면서 살았습니다. 그가 몸담았던 집단은 전부 패망합니다. 공손찬-도겸-원소-유표-유장까지. 그러고는 그 집단의 세력을 야금야금 흡수합니다. 거의 바이러스 수준입니다. 유비가 뛰어난 점은 이런 짓을 하고도 사람들로 하여금 도덕군자로 보이게 하는 현란한 기만술입니다.

손권도 만만치 않습니다. 필요에 따라서 자기 동생을 유비와 결혼시키더니, 자기에게 이익이 되지 않는다고 판단되자 유비의 뒤통수를 쳐버립니다. 그 때문에 관우가 죽고 장비도 죽습니다.

범위를 넓혀보겠습니다. 유비의 조상인 유방은 팽성대전에서 자기가 살려고 자식을 버립니다. 초군의 추격군이 보이자 유방은 수레의 속도를 빠르게 하려고 아들인 유영과 장녀인 노원공주를 수레 밖으로 세 번이나 던져 버립니다. 그때마다 부하인 하후영이 구해줍니다. 그런데 유방은 쓸데없는 짓 하지 말라고 10번이나 하후영을 찔러서 죽이려고 합니다. 그러자 하후영이 분노하여 말합니다.

"한낱 짐승도 제 새끼 귀한 줄은 아는데, 폐하께선 뭐 하는 짓입니까?"

영웅은 짐승만도 못하네요. 현대라고 해서 예외는 없습니다.

스탈린의 아들은 2차 대전 당시에 포병장교로 군에서 복무하다 독일군에 포로가 됩니다. 그러자 스탈린은 아들을 독일 반역자로 의심하여 아들의 가족을 투옥시켜 버립니다. 아들은 결국 독일군 포로수용소에서 죽습니다.

리쭝우는 이러한 면후심흑한 인간이 결국 나라를 잘 다스린다는 결론을 내립니다. 저는 절대로 그렇지 않다고 생각합니다. 양심적이고 능력 없는 사람과 양심 불량에 능력 있는 사람 중에 선택하라면 전자를 선택하겠습니다.

어느 정치인이 저승을 갔습니다. 염라대왕이 그 정치인의 모든 것을 기록한 책을 펼치고 심문합니다.

"너는 살아가면서 후회되는 일이 있느냐?"

"후회되는 일보다도 아쉬운 일은 있습니다."

"그것이 무엇이냐?"

"멋진 수염을 기르고 싶었는데 수염이 나지를 않아서 아쉬웠습니다."

염라대왕이 책의 기록을 보니 분명히 수염을 가지고 있다고 기록이 되어있습니다.

"너는 왜 거짓말을 하느냐?"

그러자 정치인이 억울하다는 듯이 턱을 내밉니다.

"제 턱을 보십시오. 깎은 흔적조차 없습니다."

염라대왕이 보니 정말로 수염의 흔적이 없었는데 책의 기록이 잘못될 리가 없다고 생각한 염라대왕은 고개를 갸웃거립니다. 그때 옆에 있던 저승차사가 말합니다.

"대왕님. 아래쪽 기록을 보십시오. 아래쪽에 이렇게 기록되어 있습니다."

'얼굴이 두꺼워 수염이 빠져나오지 못함.'

정치인의 제일 조건은 두꺼운 얼굴(厚顔)입니다. 두 번째 조건은 염치없음(無恥)입니다. 합치면 후안무치(厚顔無恥)네요.

2장

노 사 정

(노동자, 사용자, 정부)

시장

시장경제市場經濟, market economy는 생산자와 소비자가 자기 책임하에 상품과 서비스를 거래하는 경제체제를 의미합니다.

생산자는 상품과 서비스를 공급하는 사람을 뜻하는데 기업이 주로 생산자가 됩니다. 소비자는 상품과 서비스가 필요합니다. 이를 수요라고 합니다. 생산자가 상품과 서비스를 공급하면, 소비자는 돈을 주고 상품과 서비스를 받게 됩니다. 이것이 거래입니다. 거래에는 돈, 즉 자본이 이용되기 때문에 시장경제는 자본주의와 사실상 같은 개념입니다.

상품과 서비스의 가격은 어떻게 결정될까요? 가격은 공급과 수요에 의해 결정됩니다. 같은 상품이라도 공급량이 많아지면 가격이 내려갑니다. 반대로 같은 상품이라도 수요량이 많아지면 가격은 올라갑니다. 결국 가격은 공급량과 수요량에 의해 정해지게 됩니다. 18세기 영국의 경제학자 애덤 스미스는 이렇게 가격이 정해지는 것을 '보이지 않는 손'의 작용이라고 했습니다.

수요(D)와 공급(S) 곡선

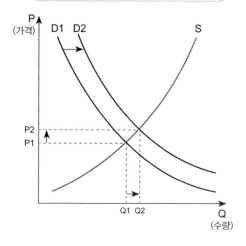

하지만 보이지 않는 손만으로는 시장경제가 제대로 작동하지 않습니다. 왜냐하면 생산자는 이윤 극대화, 그러니까 비싸게 팔기를 원하기 때문입니다.

그 때문에 기업들이 일부러 담합하여 상품을 적게 생산하여 가격을 올리기도 합니다. 혹은 비싸도 구매할 수밖에 없는 생필품 등을 전부 사들여서 비싼 가격에 팔기도 합니다. 현재 대부분의 자본주의 국가에서는 정부가 시장에 개입하여 이러한 담합이나 사재기를 법으로 규제합니다.

자본주의와 공산주의

　재화는 사용 또는 소비 등을 통해 소비자들의 효용을 증가시킬 수 있는 형태를 가진 모든 것을 말합니다. 물건뿐 아니라, 공기나 전기와 같은 것도 포함됩니다. 단, 택배나 대중교통 이용 같은 것은 재화가 아니라 서비스입니다.

　자본은 재화를 만드는 데 필요한, 노동력을 제외한 생산 수단을 통틀어 이르는 말입니다. 자본주의는 자본을 이용해 돈을 버는 것으로 이윤추구를 목적으로 하는 경제체제입니다. 자본주의는 세 가지 특징이 있습니다.

　첫째, 재화의 사적 소유권을 개인의 당연한 권리로 인정합니다.

　둘째, 생산수단의 소유하였느냐 아니냐로 계급이 나뉩니다. 예시로 부르주아와 프롤레타리아가 있습니다.

　셋째, 자본을 이동할 수 있게 하는 돈, 신용카드, 은행, 투자 등의 여러 방법이 존재합니다.

　자본주의가 무엇인지를 주체적으로 분석하고 관찰한 최초의 인물은 칼 마르크스입니다. 그가 살던 시절은 자본주의가 막 탄생하였으며, 이에 따라 부르주아와 프롤레타리아로 계급이 나뉘어 사회의 불평등이 점점 심해지던 시기였습니다. 마르크스는 자본주의를 분석해 관찰하며 비판하고, 누구나 평등한 사회를 만들 새로운 이념을 제시합니다.

사적 소유를 인정하지 않고 생산수단을 공유하면, 부르주아와 프롤레타리아라는 사회적 계급이 소멸하게 될 것이라고 주장합니다. 이것이 공산주의입니다. 공산주의 사상을 바탕으로 러시아에서는 1922년 12월 30일 소련이라는 나라가 들어섰습니다. 그 후 동유럽과 중국, 북한, 베트남, 쿠바 등이 줄줄이 공산 국가가 되었습니다.

하지만 현재 공산주의 국가는 중국, 북한, 베트남, 라오스, 쿠바만 남았습니다. 심지어 공산국가의 시작인 소련마저 사라졌지요. 공산주의는 이상은 좋았으나 현실이 받쳐주지 않았습니다.

노동절

5월 1일은 노동절입니다. 메이데이May Day 또는 워커스 데이 Workers' Day라고도 합니다. 영어에 거부감이 있더라도 '메이데이'라 고 불러야 합니다. 애초에 미국에서 만들어진 날이니까요. 미국을 싫 어하는 북한에서도 메이데이라고 부르지 싶습니다.

노동절의 계기는 1886년 5월 일어난 헤이마켓 사건입니다. 이 헤이마켓 사건은 우익이 싫어할 모든 요소를 갖고 있습니다. 5월 1일, 미국 전역에서 노동자 30~50만 명이 8시간 노동을 쟁취하기 위해 파업을 벌입니다. 특히 시카고에서는 8만 명의 노동자들과 그들의 가족, 무정부주의자들이 연대해 파업 집회를 열었습니다.

5월 3일에 시카고 인근의 맥코믹 공장에서 경찰이 발포하여 4명의 사상자가 나왔고 5월 4일에 분노한 노동자들이 경찰의 만행을 규탄하기 위해 헤이마켓 광장에서 집회를 열어 경찰은 해산을 시도합니다. 그때 경찰 쪽으로 누군가 사제폭탄을 던집니다. 이 때문에 경찰 1명은 즉사, 6명은 치명상을 입습니다. 이에 경찰은 즉각 발포, 노동자 측에서 사상자 70명 이상을 냅니다.

그 후 집회를 주도한 노동운동가 8명이 폭동죄로 체포되어 재판에 넘겨지고, 증거도 불충분한 상태에서 7명에게 사형을 선고해 결국 5명은 사형을 당합니다.

이 사건을 계기로 1889년 7월 세계 각국 노동운동 지도자들이 모여 결성한 제2인터내셔널 창립대회에서 5월 1일이 노동절로 결정됩니다.

보이콧과 사보타주

정치, 경제, 사회, 노동 분야 등에서 집단으로 거부 운동을 벌이는 것을 보이콧이라고 합니다. 보이콧은 사람 이름에서 유래했는데, 처음으로 보이콧을 한 사람이 아니라 처음으로 보이콧을 당한 사람입니다.

영국이 아일랜드를 지배하며 농작물을 수탈하는 바람에 아일랜드에서는 수차례 대기근이 일어납니다. 1879년 3차 대기근이 일어나자, 아일랜드 북동부 경작지의 소작인들이 영국인 지주에게 소작료를 내려달라고 요구합니다. 하지만 지주는 이를 거부하고 지배인이던 영국인 찰스 커닝햄 보이콧에 소작료를 반드시 징수하도록 명령합니다.

그러자 분노한 소작인들은 보이콧에 집단으로 거부 운동을 했고 보이콧은 음식도 구할 수 없어 굶어 죽을 위기에서 군대에 의해 간신히 구출됩니다. 보이콧은 100명이 넘는 경찰의 도움을 받아 수확료를 징수하지만, 결국 그해 겨울 아일랜드를 떠납니다.

그런데 다음 해 영국에서 아일랜드인들의 요구를 들어주는 법령을 제정하면서 최초의 보이콧은 성공하게 됩니다.

　프랑스어로 나막신이란 의미의 사보는 프랑스, 네덜란드, 벨기에 등지에 농민들이 주로 신던 신발입니다. 중세 유럽에서는 농민들이 노동쟁의의 방법으로 수확물을 사보로 짓밟았습니다. 나막신을 신고 걷는 것은 사보떼이고, 이 사보테의 명사형이 사보타주입니다. 그래서 농민들의 노동쟁의를 '사보타주'라고 했습니다.

　19세기 프랑스 노동자들도 사보를 이용해 노동쟁의를 했습니다. 사보를 기계 속으로 던져 넣어서 고장 나게 했는데, 사보를 이용한 행위이기 때문에 여전히 '사보타주'라고 부릅니다.

　현재는 쟁의 중인 노동자가 공장의 설비나 기계 등을 파괴하거나 생산을 방해하는 행위를 '사보타주'라고 합니다. '사보'는 사라지고 '파괴'라는 의미만 남았습니다.

사업

손님이 가게에 가면 비록 어린아이라고 할지라도 가게 주인은 깍듯이 인사를 합니다. 가게 주인이 착한 사람이라서 그럴까요? 《한비자韓非子》 비내備內 편에는 다음과 같은 이야기가 실려있습니다.

故輿人成輿則欲人之富貴匠人成棺則欲人之夭死也非輿人仁而匠人賊也人不貴則輿不售人不死則棺不買情非憎人也利在人之死也
(수레 장인은 수레를 만들면 사람들이 부귀해지기를 바라고, 목수가 관을 만들면 사람들이 일찍 죽기를 바란다. 수레 장인이 착하고 목수가 악하기 때문이 아니다. 사람이 부귀해지지 않으면 수레를 사지 않고 사람이 죽지 않으면 관이 팔리지 않기 때문이다. 사람을 미워하는 성격이라서가 아니라 사람이 죽어야만 이익이 생기기 때문이다.)

참으로 장사꾼의 마음을 잘 요약해 주는 말이라 할 수 있습니다. 장사꾼에게 인간의 가치는 손님의 인격과 전혀 상관이 없습니다. 심지어는 민족도 국가도 존재하지 않습니다. 장사꾼에게 인간의 가치는 그 인간이 가진 지갑 속의 돈과 같습니다.

스탠더드 오일의 사장인 미국인 록펠러는 독일에 'Deutsch-Amerikanische Petroleum'이라는 합자회사를 설립합니다. 이 회사는 2차 대전 당시 나치에게 석유를 팔았습니다. 스탠더드 오일은 당연히 미군에게 석유를 팔았습니다. 록펠러는 미군과 나치 둘 다에게 석유를 팔아먹은 것입니다. 하지만 그랬으니 대재벌이 될 수 있었겠지요.

장사하실 분은 꼭 기억해야 합니다. 장사란 인간을 섬기는 일이 아니라 돈을 섬기는 일입니다.

회장과 CEO

예전에는 사장社長이라고 하면 회사 내에서 가장 높은 위치였습니다. 그런데 명칭이 점점 확장하고 변화하며 언젠가부터 구멍가게 주인도 사장님이 됩니다. 그래서 만들어진 명칭이 회장會長이지요. 회사會社의 우두머리니 '회장'입니다. 그런데 이 회장이라는 명칭도 넓혀지면서 너도나도 쓰기 시작합니다. 그러면 이제는 뭐라고 해야 할까요?

기업企業의 장長이니 업장業長이나 기장企長이라는 명칭을 만들 법도 하지만 이번에는 방향을 바꾸어 영어를 사용합니다. 우리말보다는 한자, 한자보다는 영어를 사용해야 있어 보이는 우리나라의 언어습관이 여기서도 나타나네요. 영어로는 '최고경영자'라는 뜻의 Chief Executive OfficerCEO를 사용합니다. 사실 CEO는 기업의 오너Owner일 필요가 없습니다. 월급쟁이 사장도 CEO라고 부르지만 우리나라에서는 회장보다 더 높은 직책을 의미하는 것 같습니다.

한 기업의 CEO에게 기자가 부자가 되는 법을 물었고 CEO는 이렇게 말합니다.

"행복은 돈의 많고 적음에 있는 것이 아니다. 적은 돈이라도 자신의 일에 충실하라. 그러면 행복한 인생을 살 수 있다."

기자가 다시 묻습니다.

"그러한 신념을 가졌기에 부자가 되셨나요?"

CEO는 대답합니다.

"그러한 신념을 직원에게 세뇌시켜서 내가 부자가 되었지."

정말 드물게 솔직한 CEO입니다.

최고 경영자인 CEO 아래 전문 책임자들은 다음처럼 부릅니다.

CAO : 최고 행정 관리자

CCO : 최고 창작/고객 관리자

CFO : 최고 재무 관리자

CIO : 최고 정보 관리자

CKO : 최고 지식 관리자

COO : 최고 운영 관리자

CPO : 최고 개인정보 관리자

CRO : 최고 위험관리 관리자

CSO : 최고 보안/전략 관리자

CTO : 최고 기술 관리자

EQ

인간의 정신적을 면을 재는 검사는 많은 종류가 있습니다. 생각나는 대로 적어 보자면, IQ(지능지수)Intelligence Quotient, EQ(감성지수)Emotional Intelligence Quotient, MQ(도덕지수)Moral Intelligence Quotient, SQ(사회성지수)Social Intelligence Quotient, CQ(창조성지수)Creative Intelligence Quotient 등이 있습니다.

그러나 이 중에 많이 쓰이는 것은 IQ와 EQ일 것입니다. 주어진 환경의 요구에 대응하여 사회적, 정서적, 행동적으로 얼마나 효과적으로 기능할 수 있는지를 평가하는 지수가 EQ입니다.

그러나 EQ는 IQ와 달리 학문적으로 엄밀한 심리검사가 아닙니다. 애초에 감정을 수치화하는 게 가능하기는 한 것일까요? 왠지 돌팔이 약장수 같은 느낌이 듭니다.

어쨌거나 1980년대에 처음 제기되었을 때 속기 쉬운 대중들의 엄청난 반향을 일으켰고 이와 관련된 책들이 쏟아져 나오기도 했습니다. 지금도 지능 검사의 하나로 남아있습니다. 회사에서도 입사 시험

에 EQ 측정을 하기도 하는데 무슨 이유일까요?

IQ와 학업 성적은 높은 상관관계가 있습니다. 대부분 IQ가 높으면 공부를 잘한다고 생각하지만, 사실은 'IQ가 낮으면 공부를 못한다'가 맞는 표현입니다. IQ는 지적장애인을 가려내기 위한 검사입니다.

그러면 EQ는 무엇과 상관관계가 있을까요?

공식적인 연구 결과인지는 모르겠지만 EQ가 높은 사람은 힘든 일을 시켜도 군소리 없이 일을 한다고 합니다. 즉, 회사로서는 싼 임금으로 오랫동안 부려 먹을 수 있는 인력을 확보하는데 EQ 측정만큼 좋은 자료가 없습니다.

1%의 영감과 99%의 노력

에디슨이 말했습니다.

Genius is one percent inspiration and ninety-nine percent perspiration.

(천재는 1%의 영감과 99%의 노력으로 이루어진다.)

이 말은 1929년 기자회견에서 한 말로 알려져 있으며, 1932년 하퍼스 매거진에 올라온 이 문장의 전문은 다음과 같습니다.

None of my inventions came by accident. I see a worthwhile need to be met and I make trial after trial until it comes. What it boils down to is one per cent inspiration and ninety-nine per cent perspiration.

(내 발명 중 우연히 된 것은 없다. 나는 가치 있는 요구를 찾고, 이

루어질 때까지 시도하고 또 시도한다. 요약하면 1%의 영감과 99% 땀이다.)

흔히 노력이 중요하다는 뜻이라는데 과연 그럴까요? 확실히 에디슨은 발명을 위해서 무수히 시도하는 사람이었습니다. 특히나 전구에 사용할 필라멘트의 재료를 찾기 위한 그의 노력은 위인전에 꼭 실리는 일화입니다. 이런 일화를 읽은 어린이들은 나도 에디슨처럼 실패를 두려워하지 않고 될 때까지 도전해야겠다는 각오를 다지겠지요.

그러나 머리 속에 떠오른 영감을 과학적 사실에 기반을 두어 단번에 만들어버리는 테슬라라면 아마 뒤에서 비웃고 있었을 것입니다. 오히려 과학적 지식이 없으니 실험해 볼 수밖에 없다고 생각할 것입니다. 이러한 테슬라와 경쟁 관계였던 에디슨의 진의는 아마도 다음과 같을 것입니다.

"99% 노력을 해본들 1%의 영감이 없으면 소용이 없다."

저는 발명을 우물 파는 것에 비유하겠습니다. 우리나라 속담에 "우물을 파도 한 우물을 파라"는 말이 있습니다. 그런데 수맥이 없는 곳을 파면 물이 나올 리 없습니다. (수만 년 동안 파서 지구의 핵까지 도달하면 혹시 마그마가 솟구칠지도 모르겠습니다.) 우물을 파기 전에 수맥이 있는 곳을 먼저 찾아야 합니다. 이를 에디슨이 한 말에 적용해 보자면 "1%의 영감이 없다면 99% 노력은 헛수고"입니다.

그러면 위인전은 왜 '노력의 중요성'을 강조하는 것일까요? 혹시 부지런히 일할 노동자를 양산하기 위한 음모는 아닐까요?

정경유착

정경유착이란 기업가가 정치인에게 정치 자금을 제공하고 정치인은 기업가에게 여러 가지 특혜를 베푸는 것을 말합니다. 자본주의 사회에서는 아주 당연하게 벌어지는 현상입니다.

정경유착의 역사는 르네상스 시기에 시작되었습니다. 메디치 가문은 피렌체를 거점으로 친족끼리 경영을 하는 시뇨리아 체제를 구축해 막대한 부를 쌓습니다. 늘어난 자산을 유지하기 위해 교황을 후원하며 더욱더 확장하는데, 나중에는 아예 가문에서 직접 교황이 배출되

기도 합니다. 레오 10세, 클레멘스 7세, 레오 11세라는 3명의 교황을 배출했을 뿐 아니라, 카트린느 드 메디시스, 마리 드 메디시스라는 2명의 프랑스 왕비도 배출합니다.

한편, 알프스 이북의 신성로마제국 황제는 푸거 가문의 후원을 받아야만 당선할 수 있었습니다. 푸거 가문의 전성기를 이끈 야코프 푸거가 가진 재산은 유럽 총생산의 2%에 달하였고, 메디치 가문의 10배에 해당하였습니다. 황제로 입후보한 사람들은 선제후들에게 각종 이권을 약속하며 자신을 뽑아달라고 하는데, 이때 필요한 것이 푸거 가문의 보증이었습니다.

결국 푸거 가문에서 황제를 결정하는 것이나 마찬가지인 셈입니다. 이렇게 막시밀리안과 카를 5세가 황제가 될 수 있었고, 이 중 막시밀리안은 푸거 가문에 빚을 많이 지는 바람에 빚독촉에 항상 시달렸다고 합니다.

푸거 가문은 영국-스페인 전쟁(1585~1604)에서 스페인 측에 막대한 전비를 지원했다가 떼이면서 몰락하고, 메디치 가문은 토스카나 대공인 잔 가스토네가 후사 없이 사망하면서 가문이 사라집니다.

그런데 이 두 가문은 엄청난 문화유산을 후대에 남깁니다. 메디치가는 자신의 소장품을 피렌체에 기증했고, 우피치 미술관의 컬렉션 대부분이 그 기증품으로 이루어졌습니다. 푸거 또한 가난한 사람에게 낮은 금액의 월세만 받고 집을 빌려주는 세계 최초의 사회 복지 시설인 푸거라이를 남겼습니다. 지금도 푸거라이에 있는 67개 건물의 142가구는 1년에 0.88유로(약 1000원)만 내고 살고 있습니다.

가렴주구

《예기》 단궁편에 다음과 같은 이야기가 나옵니다.

공자가 제자들과 태산 인근 동네를 지나가다가 곡을 하는 여인을 만납니다. 자로가 그 이유를 물었더니 여인이 대답하기를 "시아버지가 오래전에 호랑이에게 물려 죽고, 얼마 전에는 남편이 호랑이에게 물려 죽었는데, 이번에는 아들이 호랑이에게 물려 죽었습니다"라고 합니다. 그래서 자로가 "왜 이사를 하지 않느냐"라고 묻자, "이곳에는 가렴주구苛斂誅求가 없기 때문"이라고 대답합니다. 자로가 공자에게 이 말을 전하자 공자가 말하기를 "가혹한 정치는 호랑이보다 무서운 것苛政猛於虎"이라고 말합니다.

'가정맹어호'라는 고사성어의 유래가 되는 이야기입니다. 하지만 1300년이 지난 후에도 조금도 나아진 것은 없었습니다. 당나라의 시인인 유종원은 포사자설에 다음과 같은 이야기를 적었습니다.

옛날 중국 영주에 스치기만 해도 풀과 나무가 죽고, 사람이 물리면 그 자리에서 죽어버리는 엄청난 독사가 있었다. 그런데 독한 놈이라 그런지 이 독사로 약을 만들면 만병통치약이 되었다. 그래서 왕이 명을 내려 세금을 면제해 주는 대신 독사를 1년에 두 마리 잡아 오라고 했다.

영주 백성 장 씨는 3대에 걸쳐 독사를 잡고 있는데 할아버지, 아버지도 독사를 잡다가 죽었고 자신도 12년 동안 독사를 잡다가 여러 번 죽을 뻔했다. 나는 이를 불쌍히 여겨 내가 관청에 얘기해서 독사 대신 다시 세금을 내게 하면 어떻겠냐고 장 씨에게 말했다. 그러자 장 씨는 펄쩍 뛰면서 나에게 말한다.

"육십 평생을 살다 보니 지금 마을에 남아있는 집은 서너 집밖에 되지 않습니다. 이웃 주민들은 농사지은 것을 세금으로 다 빼앗기고 도망치거나 굶어 죽었습니다. 오직 자신만은 1년에 두 번 죽음을 각오하고 뱀을 잡으면 1년 내내 세리에게 들들 볶이지 않고 편하게 살 수 있으니 절대로 그런 소리를 하지 말아 주십시오."

참으로 나쁜 정치는 호랑이보다 사납고 세금은 독사보다도 무서운 법입니다. 동서고금을 막론하고 정치인들이라면 귀담아들어야 할 말입니다.

동서고금이라고 한 이유는 서양에서도 가렴주구가 횡행했기 때문입니다.

둠스데이 북

정부가 경제활동에서 하는 역할은 돈을 뜯어내는 일입니다. 그중 합법적으로 돈을 뜯어내는 것이 세금입니다. 세금은 비유하자면 죽음이라고 할 수 있습니다. 누구나 싫어하지만 어김없이 찾아오니까요. 벤저민 플랭클린이 말했습니다.

In this world nothing can be said to be certain, except death and taxes.
(이 세상에서 죽음과 세금을 제외하고는 확실하다고 말할만한 것은 없다.)

11세기 영국에는 《둠스데이 북Domesday Book》이라는 책이 있었습니다. Doomsday의 의미를 생각해 본다면 정말 무시무시한 책입니다. 단어를 다른 말로 표현하면 Day of judgment, Judgement day(심판의 날), End of the world(세상의 끝)라고도 표현합니다. 이날이 되면 죽어서 천국과 지옥에 있던 사람까지도 최후의 심판을 받게 됩니다.

그런데 잘못한 일이 없다면 이날 천국으로 갈 테니 오히려 신나는 날일 수도 있겠네요. 그러면 《둠스데이 북》은 심판의 날을 기록한 책을 말하는 것일까요?

그렇지는 않습니다. 윌리엄 1세가 이끄는 노르만족은 잉글랜드를 침략한 후, 원주민인 색슨족으로부터 최대한 세금을 많이 거두고자 했습니다. 1085년 사상 최초로 대대적인 토지 조사를 감행하여 토지, 인구, 시설물, 가축 수까지 빠짐없이 조사한 것이 《둠스데이 북》입니다. 당시 Doom은 '파멸'이라는 뜻이 아니라 '법규'나 '규정'이라는 뜻이었습니다.

하지만 인간은 세금 내는 것을 죽는 것만큼이나 싫어한다는 사실로 미루어 본다면, 아직 오지도 않은 미래를 기록한 '요한 묵시록'보다 《둠스데이 북》이 더 무서운 책이었을 것 같습니다.

고다이바 부인

11세기 영국 코번트리 지방의 영주인 리어프릭에게는 고다이바라는 아내가 있었는데 남편의 가혹한 정책에 고통받는 농민들을 불쌍하게 여겨 세금을 줄여 달라고 탄원합니다. 그러자 리어프릭은 "만약 네가 벌거벗고 말을 탄 상태로 나의 영지를 한 바퀴 돈다면 세금을 감면하겠다"라고 제안합니다. 영주는 당시 16살인 고다이바가 절대로 할 수 없으리라 생각했지만, 그녀는 농민들을 위해 실행에 옮깁니다. 이 소식을 들은 농민들은 모두 감격해서 집 안으로 들어가 문을 잠그고 커튼을 치고 행진을 보지 않았다고 합니다.

이 이야기가 사실인지 아닌지는 모르겠습니다. 한 소녀가 주위에 어려운 자들에게 모든 것을 베푼 끝에 벌거벗은 몸이 되었고, 이를 감추기 위해 땅에 숨었다고 하는 지장보살 이야기나, 그림 형제 이야기에 나오는 한 소녀가 자신의 속옷까지 가난한 사람에게 나누어 주었더니 하늘에서 금화가 내렸다는 그림 동화 《디 스테른탈러Die Sterntaler》 이야기랑 많이 닮았습니다.

현실 속에서 실현 불가능한 이야기는 아니니 어쩌면 실제로 있었던 일인지도 모르겠습니다. 물론 가장 좋으려면 고다이바 같은 자비심 많은 여자도 없고, 리어프릭 같은 악독한 인간도 없는 것이겠지요.

그런데 이 이야기에는 재미있는 뒷이야기가 있습니다. 고다이바 부인이 행진 할 때, 톰이라는 사람이 몰래 훔쳐보았고 그 때문에 천벌을 받아 눈이 멀었다고 합니다. 그래서 지금도 몰래 훔쳐보는 사람을 피핑 톰Peeping Tom이라고 부릅니다. 만약 고다이바 부인의 일화가 사실이라고 가정하면 피핑 톰의 이야기는 아마도 다음과 같지 않을까 싶습니다.

자기가 고다이바 부인을 몰래 보았다는 것을 자랑하다가 영주에게 붙잡혀서 눈알이 뽑혔거나 동네 사람들에게 얻어맞아서 실명한 것이 아니었을까요?

창문세

중세 유럽에서는 창문에 세금을 매겼던 경우가 있습니다. 참 황당한 이야기지만 나름의 근거는 있습니다. 창문이 많거나 폭이 넓다면 집이 크다는 것이고, 집이 크면 부자이니, 당연히 세금을 많이 내야 한다는 논리입니다.

1303년 프랑스의 필립 4세가 잠깐 시행했다가 곧바로 폐지됐지만, 이내 다른 나라로 퍼져나갔습니다. (꼭 나쁜 것만 따라 해요.)

1696년 영국에서 시행된 창문세가 가장 유명합니다. 이전에는 집에 있는 난로를 가지고 세금을 매기는 난로세가 시행되었는데 징수원이 집으로 들어가서 난로를 확인해야 할 필요가 있었기 때문에 반발이 심했습니다. 그래서 윌리엄 3세는 난로세 대신 창문세를 도입합니다. 당시에는 유리가 귀했기 때문에 유리창은 곧 부유함의 상징이었습니다. 그리고 난로세와는 달리 징수원이 집 안으로 들어가서 확인할 필요도 없이, 밖에서 창문 숫자를 세기만 하면 됩니다.

그러자 사람들은 세금을 덜 내기 위해서 창문을 합판 등으로 가려서 숨기거나 창문을 막아 숫자를 줄이는 꼼수를 씁니다. 이에 따라 런던에서는 빛이 없이 어둡게 살며 우울증을 호소하는 시민들이 많아졌고 높은 습도로 병균이 활발하게 활동하면서 전염병이 퍼지게 됩니다. 그러나 인간은 건강보다 돈을 우선시하는 편입니다.

결국 1851년 창문세가 폐지됩니다. 당시의 만평을 보면 시민들이 이 법의 폐지를 얼마나 반겼는지 알 수 있습니다.

A VISION OF THE REPEAL OF THE WINDOW-TAX.
"Hollo! Old Fellow; we're glad to see You here."

● 창문세 폐지 이후 1851년 펀치 매거진에 실린 만화. 아래에는 "안녕하세요! 옛 친구여, 우리는 여기서 당신을 보게 되어 기쁩니다" 라고 적혀있습니다.

프랑스의 루이 16세는 다른 방식으로 창문세를 매겼는데, 그건 바로 창문의 수가 아닌 창문의 '폭'을 기준으로 삼은 것이었습니다. 그러자 이번에는 창문의 폭을 줄인 건물들이 많아집니다.

서양만 그런 것도 아닙니다. 오스만 제국에서도 도시 내의 주택들에 대해 창문의 폭과 도로에 닿은 건물 면적에 비례해 세금을 거둔 적이 있습니다. 그러다 보니 이스탄불에 가보면 1층은 좁은데, 2층, 3층은 툭 튀어나온, 계단을 뒤집어 놓은 듯한 집 구조를 볼 수 있습니다.

돈을 긁어내기 위한 정부의 술책도 대단하고, 어떻게든 돈을 내지 않기 위해 건강도, 안전도 포기하고 불편을 감수하는 사람들도 대단합니다. 돈 때문에 돌아버린 세상이네요.

대동법

조선 후기 인물 중 역사에 가장 큰 영향을 미친 사람을 뽑으라면 저는 김육을 뽑겠습니다. 왜냐하면 김육의 건의로 1651년 충청도와 1658년 전라도에서 대동법이 시행되었기 때문입니다. 대동법이 그리도 중요하냐 하겠지만, 세금만큼 민감한 문제는 없는 법입니다.

조선의 세금 제도는 중국의 조용조 제도를 그대로 본떴습니다. 조租는 토지세, 용庸은 요역과 군역으로 노동하는 것이고, 조調는 지역의 특유하게 나는 물건인 토산물을 바치는 것입니다.

하지만 토지를 가진 기득권층이 지속적으로 협상하면서 토지세는 점점 줄게 됩니다. 그러자 세수 확대를 위해 지역 토산물 공납을 계속 늘리게 되고 결과적으로 일반 평민들의 세금만 늘어납니다. 더욱 악랄한 것은 조調에 정부의 무지와 탐관오리들의 협잡이 들어간다는 것입니다.

정부에서는 강원도 산골에 공물로 전복을 바치라는 식으로 준비할 수 없는 요구를 하거나 시도 때도 없이 공물을 내라고 합니다. 탐관오리들은 멀쩡한 물건을 퇴짜 놓거나 평민들이 직접 내는 토산물을 받아주지 않았습니다. 그러면 평민들은 어쩔 수 없이 탐관오리와 결탁한 방납업자에게서 물건을 비싼 값으로 사서 바치게 됩니다. 그러면서 방납업자와 탐관오리들이 막대한 이득을 챙길 수 있었습니다.

물론 이것은 당연히 불법입니다. 그래서 납세納稅를 방해防害한다는 의미로 방납防納이라고 하는 것입니다.

대동법이란 지방 특산물을 받지 않고 쌀로만 세금을 내도록 하는 제도입니다. 사실 혁신적인 것도 아닙니다. 어찌 보면 방납을 국가가 대신하는 것이라고 할 수도 있습니다. 어찌 되었든 세금을 내는 방식이 일원화되었기 때문에 훨씬 간편하고 도중에 협잡이 낄 여지가 줄어들었습니다.

하지만 시간이 지나면서 정부와 탐관오리들은 새로운 수탈의 방법을 찾게 되고 결국 조선 말기에는 삼정의 문란이 발생하게 됩니다.

IRS

미국에서 가장 막강한 기관이 어디일까요? FBI? 물론 'X파일'을 가지고 48년간 8명의 대통령을 조종했던 후버 국장 시절 FBI는 정말로 막강했습니다. 하지만 정답은 아닙니다.

CIA? 전 세계를 상대로 첩보활동을 벌이는 곳이니 당연히 막강하겠지만 최강은 아닙니다.

NSA? 통신정보, 감청, 전자정보 등을 각종 수단을 다 써서 정보를 수집하고 정리하는 극비 단체이지요. 하지만 여기도 최강 단체는 아닙니다.

정답은 IRS입니다. 한국으로 따지면 국세청입니다. 도대체 어떻게 국세청이 미국 최강 기관이냐고요? 미국은 자본주의 사회입니다. 자본주의 사회에서 가장 중요한 것은 '자본=돈'입니다. 그래서 미국에서는 '돈'이 생명만큼이나 (사실은 생명보다 더) 중요합니다. 미국에서 탈세는 살인만큼이나 무서운 중범죄입니다.

IRS의 위상을 단적으로 알 수 있는 부분이 있습니다. 위에 거론

한 FBI나 CIA, NSA는 IRS가 자료를 요구하면 무조건 주어야 합니다. 하지만 FBI나 CIA, NSA가 IRS에 자료를 요구하면 안 줘도 그만입니다.

유명한 마피아 두목이었던 알 카포네를 감옥에 집어넣을 수 있었던 이유는 '탈세'입니다. 심지어 잡히지 않으려고 위장 '고물상'까지 만들어서 열심히 세금 납부를 했음에도 말입니다. 미국에서는 마약상들도 가짜 소득을 신고하고서라도 세금을 냅니다. 미드 〈브레이킹 배드〉에서도 주인공인 '월터 화이트'가 세금을 내려고 엄청나게 애를 씁니다. 불법 이민자의 3/4도 국세청에 꼬박꼬박 세금신고를 합니다. 심지어 위조 신분을 만들어서까지 냅니다. 영화 〈아폴로 13〉에서도 한 우주인이 IRS에 세금 신고를 못 했다고 하자 지상관제 팀에서 IRS에서 세금 받아내려고 우주까지 쫓아갈 거라는 말을 합니다. (농담이 아닐 수도….)

만약 안 내겠다고 버티면, 우리처럼 딱지 한 장 붙이고 돌아가는 것이 아닙니다. 중무장한 요원이 받아 갑니다. 그래서 미국인들이 가장 싫어하는 정부 기관이 IRS라고 합니다. 사실 전 세계에서 세금 걷는 기관을 좋아하는 국민은 없습니다. 하지만 자본주의 사회에서는 '자본'이 생명입니다. '탈세'하는 인간들은 IRS처럼 지옥까지라도 쫓아가서 잡아주었으면 합니다.

3장

금 융

상품화폐와 금속화폐

　　화폐는 상품의 가치를 나타내어 물품과 교환할 수 있는 수단을 말합니다. 화폐로 이용되려면 다음의 조건을 충족시켜야 합니다.

　　첫째, 물물교환의 대상이 될 만큼 충분히 가치가 있을 것.

　　둘째, 대중적으로 쓰일 수 있을 만큼 충분한 수량이 있을 것.

　　셋째, 가치가 손상되지 않도록 안정적일 것.

　　멕시코의 아즈텍 문명에서는 카카오 콩이 화폐로 사용되었습니다.

카카오 콩 3개는 아보카도 1개, 카카오 콩 30개는 토끼 1마리, 카카오 콩 100개는 암컷 칠면조 1마리였다고 합니다.

중국의 경우 하나라 후기부터 상나라 전기 시기에는 조개를 화폐로 사용했습니다. 상나라는 바다와 인접한 구역이 적기 때문에 조개가 귀중품입니다. 그리고 조개가 단단해서 훼손 우려가 적기 때문에 화폐로 사용된 것입니다. 한자에서 재물財物과 관련된 글자에 조개 패貝 자가 들어가는 이유도 이 조개 화폐에서 유래합니다. 북아메리카 동부 우드랜즈 원주민 부족들도 '왐펌'이라는 조개 화폐를 사용했습니다.

캘리포니아의 추마시 원주민들은 안춤이라는 구슬을 만들어 화폐로 사용했습니다. 16, 17세기에 유리구슬은 귀중품이었습니다. 그 때문에 베네치아에서 만든 유리구슬은 유럽에서 화폐로 사용되었습니다.

이런 화폐는 실질 가치가 화폐의 액면가와 같습니다. 만약 조개의 가치가 만 원이라면 조개의 액면가도 만원인 셈입니다. 이런 화폐를 상품화폐라고 합니다.

그런데 조개 같은 경우는 파손의 위험도 있고 일정 단위로 나눌 수 없다는 불편함이 있습니다. 그래서 상나라 후기가 되자 청동으로 조개를 본떠 만든 동패銅貝가 등장합니다. 가야에서는 철을 일정한 규격의 판상철부를 덩이쇠로 만들어 화폐처럼 사용했습니다. 이런 화폐는 금속화폐라고 합니다.

금화

고대에 가장 많이 쓰인 금속 화폐의 재료는 금일 것입니다. 금은 귀금속으로 가치가 있으며 화학적으로 매우 안정되어 있고 성분이나 특성을 일정하게 나눌 수 있으므로 이미 BC 20세기부터 이집트나 바빌로니아에서 사용되었다고 합니다.

금화는 그 자체가 가치가 있어서 어디에서 만들어졌느냐에 관계없이 사용됩니다. 현재까지 발견된 가장 오래된 금화는 기원전 610년 무렵에 제조된 리디아의 금화입니다. 금 55%, 은 43%, 구리 2%에 납과 철이 소량 포함된 이 금화는 리디아가 페르시아에 멸망한 이후에도 사용됩니다.

로마제국 시대 사용된 금화는 솔리두스입니다. 솔리두스는 콘스탄티누스 1세 시대에 기존의 아우레우스 금화를 대체하게 되는데 이후 1000여 년간 사용되었습니다. 금 함유량은 4.48그램이고 순도는 95.8% 정도입니다.

솔리두스의 뒤를 이어 중세 후반부터 제1차 세계 대전까지 유럽에서 널리 사용된 금화는 두카토입니다. 1200년대 나폴리 왕국에서 처음 만들어서 사용하였고 1284년 베네치아 공화국이 자신들이 제작한 두카토를 공식 화폐로 결정하면서 유럽 전역에서 널리 사용됩니다.

두카토 금화는 금과 조폐 기준만 맞춘다면 어느 나라에서도 찍어낼 수 있습니다. 그래서 오스트리아 제국, 동로마 제국, 오스만 제국, 러시아 제국, 신성 로마 제국의 제후국과 헝가리 왕국, 이탈리아반도의 지방 국가들 등 수많은 나라에서 찍어내었습니다. 그러다 보니 세계 최초의 기축통화이기도 합니다.

기축통화란 국제적인 금융 거래의 기본이 되는 화폐를 말합니다. 17세기 이후부터 영국 파운드가 기축 통화로 사용되었습니다. 하지만 1차 대전 때 영국이 전쟁 비용을 마련하려고 파운드화를 마구 찍어내는 바람에 가치가 급격히 하락합니다.

1차 대전 후 현재까지 미국 달러가 기축 통화로 사용되고 있습니다. 세계에서 가장 많이 사용되는 화폐는 미국 달러, 유럽 유로, 일본 엔, 영국 파운드입니다.

땡전

조선 후기 유통된 상평통보 1잎을 1문/푼文이라고 합니다. 10푼은 1전錢, 10전 1냥兩, 10냥=1관貫입니다. (쌀 1말이 4냥이었습니다.) 상평통보는 1전과 2전 동전밖에 없다 보니 사용하기가 여간 불편한 게 아닙니다. 그래서 당오전, 당십전을 발행하자는 논의가 있었습니다. 그런데 대원군은 1866년 11월 무려 100푼의 가치가 있는 당백전을 발행합니다.

문제는 대원군이 전혀 경제학이라는 것을 몰랐다는 것입니다. 당백전의 명목상 금액이 상평통보 유통량 전체보다 더 컸습니다. (대략 1.6배 정도 더 컸다고 합니다.) 순식간에 인플레이션이 발생하고 물가가 6개월 만에 대여섯 배로 뛰어오르게 됩니다. 게다가 당백전의 실제 가치는 5, 6전 정도밖에 되지 않았습니다. 정부 또한 이 사실을 알고 있었기 때문에 세금을 거둘 때 상평통보만 받습니다. (정부가 만든 위조화폐인 셈입니다.)

결국 1867년 4월 주조가 중단되고 그다음 해에는 유통도 금지됩니다. 폐지된 당백전은 1푼의 가격으로 교환되어 다시 녹여 철이 됩니다. 경복궁 중건을 위해 만들어졌던 당백전은 결국 정부에 아무런 이득도 주지 못하고 사라집니다. 하지만 당백전에서 당전을 거쳐 땡전으로 말이 남아, 가치 없는 동전을 일컫는 말이 되었습니다.

그런데 정신을 못 차린 조선 정부는 1883년 다시 당오전을 발행합니다.

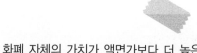

화폐 자체의 가치가 액면가보다 더 높은 경우도 존재합니다. 예전 10원 동전의 경우 물가의 상승으로 동전을 만드는 구리의 값이 10원보다 더 많아졌습니다. 그래서 옛날 동전을 녹여서 구리로 만드는 일이 발생하기도 합니다. 이 때문에 정부는 새로운 10원 동전을 만들고 옛 동전을 회수하고자 합니다.

하지만 아마도 회수하기는 힘들 것 같습니다. '가치가 적은 돈이 가치가 많은 돈을 몰아낸다'는 그레샴의 법칙이 그대로 적용되어 10원 동전을 사용하지 않고 숨길 테니까요.

위조화폐

위조화폐는 화폐가 만들어지던 순간부터 존재했습니다. 카카오 콩이 화폐로 사용되던 아즈텍에서는 작은 돌멩이나 진흙 덩어리에 카카오색을 칠한 위조화폐가 있었다고 합니다. 금화도 무게를 속인다거나 금의 순도를 떨어트려 이득을 취하려는 사람들이 존재했습니다.

가장 흔히 사용되던 방법은 금화나 은화의 테두리를 깎아내는 것입니다. 이를 방지하기 위해 영국 조폐국장이던 아이작 뉴턴은 동전 주변에 톱니 같은 홈을 집어넣습니다.

위조화폐는 현재도 여전히 있습니다. 제가 라스베이거스에 갔을 때입니다. 100달러 고액권을 내면 종업원이 반드시 불빛에 비추어 봅니다. 위조지폐인지 감별하는 것이지요. 우리나라 같으면 실례이겠지만 미국은 그렇지 않은가 봅니다. 중국은 더 심합니다. 중국은 위조지폐가 너무 많아서 시골에 가면 100위안짜리를 안 받는 곳도 있다고 합니다. 외국인들이 중국에 도는 돈의 약 70%는 가짜일 거라고 말하자 중국인들은 그렇게 적을 리가 없다고 부정했다는 거짓말 같은 얘기도 있습니다.

아무튼 위폐는 어느 나라에서나 말썽이고 그래서 어느 나라든지 위폐를 감별하는 감별사가 있습니다. 그런데 이 감별사들은 어떻게 훈련할까요? 언뜻 생각하기로는 수많은 위폐를 가져다 놓고 진짜와 비교를 할 것 같지만, 실제로는 진폐만 계속해서 봅니다. 진폐가 완전히 눈에 익으면 위폐는 저절로 보이기 마련이라지요.

현대 사회는 가짜가 판치는 세상입니다. 오히려 가짜가 진짜를 압도하지요. 그럴 때일수록 진실만을 바라보고 살아야 합니다.

교통카드가 없던 시절 사용하던 시내버스 토큰과 회수권도 위조가 많았습니다. 토큰처럼 둥근 모양에 가운데 구멍이 뚫려있는 쇠붙이인 와셔가 주로 위조 토큰으로 사용되었습니다. 회수권은 10장이 한 장의 기다란 종이에 인쇄되어 있는데 이를 11개로 나누거나, 대범하게 회수권을 절반으로 쪼개서 사용하는 경우도 있었습니다. 심지어 그리거나 고무지우개에 새겨 판화처럼 찍는 경우도 있었습니다.

하지만 버스 기사들도 호락호락한 사람들이 아니라 대부분은 위조가 들통나서 버스 종점까지 끌려가게 됩니다.

원숭이와 돈

예일 대학의 키스 첸은 흥미로운 실험을 했습니다. 원숭이에게도 돈의 개념을 가르칠 수 있을까, 그리고 원숭이가 돈의 개념을 안다면 어떤 일이 일어날 것인가에 대한 실험이었습니다.

그는 카푸친 원숭이에게 돈의 사용법을 가르쳤습니다. '은색의 토큰(=돈)은 교환의 수단이 되고, 교환 가치는 시간이 지나도 거의 변하지 않는다'라는 개념을 몇 달에 걸쳐 훈련시켜 마침내 정착시키는 데 성공했습니다. (토큰은 상품권이나 서비스의 교환권을 말합니다.)

그랬더니 원숭이들은 인간과 비슷한 경제활동을 벌인다는 것을 발견합니다. 원숭이에게 12개의 동전을 주고 포도와 젤리 사탕에 일정한 가격을 매겨서 구매하도록 했습니다. 실험을 위해 사탕의 가격을 올리거나 내려보았더니 싼 가격의 물건을 고른다는 것을 알아냅니다.

하지만 다음의 사례는 무척 놀라우면서도 대단히 씁쓸합니다. 우연히 오이를 동그랗고 얇게 썰어서 먹이로 주었더니, 원숭이들이 오이를 들고 첸에게 달려와 물건과 교환을 요구하였습니다. 동그랗고 얇게 썬 오이를 화폐로 대용할 수 있다고 생각한 것입니다. 즉, 위조

지폐입니다.

그리고 한 원숭이는 대담하게도 실험실로 숨어들어 가 토큰이 가득 든 바구니를 훔쳐서 우리로 도망을 쳤다고 합니다. 당연히 은행 강도입니다. 이어서는 우리에서 이것을 뿌려버립니다. 강도가 아니라 의적!?

이 연구는 많은 사람에게 돈은 범죄를 일으키는 요소란 생각을 가지게 했습니다. 하지만 이는 연구 결과를 잘못 해석한 것입니다. 동물들 간에 상대를 속이거나 훔치는 것은 대단히 보편적인 행위입니다. 위의 실험에서는 물건이 화폐로 대체되었을 뿐입니다.

위의 실험에서 알 수 있는 것은 범죄행위를 저지르는 인간은 짐승과 마찬가지라는 것입니다. 인간이 짐승과 다른 것은 범죄 본능을 억누르고 법과 질서를 준수하기 때문입니다. 법과 질서를 준수하지 못하는 인간들은 그냥 인간의 탈을 쓴 짐승에 불과합니다.

은행

예전에 화폐로 쓰던 광물은 금입니다. 그렇다면 돈을 다루는 곳은 금행일 듯한데 왜 은행이라고 할까요?

이 어원은 남미와 관련이 있습니다. 스페인은 남미를 식민지화하면서 이 지역을 탐험하는데 1545년 남미 볼리비아의 포토시와 1546년 멕시코 사카테카스에서 은광을 발견합니다. 특히 사카테카스 광산에서는 은이 많이 나왔는데 19세기말까지 전 세계에서 나온 은의 20%가 여기에서 나왔습니다.

스페인은 은을 이용해 물품의 대금을 지급했고 이 은들은 무역을 통해 중국까지 흘러들어옵니다. (은화가 화폐로서 시장에 유통되는 제도는 은본위 제도라 합니다.)

명과 청은 이를 바탕으로 은 중심의 세금 제도인 일조편법과 지정은제를 시행합니다. 중국의 상인 조합을 '항行'이라고 하는데 은을 취급하는 상인 조합인 항이 나중에 금융업을 하게 되자 자연히 '은항銀行'이 된 것입니다. 이 말이 우리나라로 들어오면서 '은행'으로 변했습니다.

지금은 금도 은도 사용하지 않으니 뭐라고 하면 좋을까요? 제 생각에는 신용으로 거래하는 세상이니 신행信行이 어떨까 합니다.

돼지저금통

돼지가 한자로 돈豚입니다. 그래서 포크커틀릿Fork Cutlet을 일본식으로 변형한 음식을 '돈가스'라고 하지요.

돈豚이 현금을 뜻하는 돈錢과 발음이 같다 보니 저금통 모양도 돼지 모양으로 만듭니다. 그러면 돼지저금통을 처음 만든 나라는 우리나라라 생각하겠지만 사실이 아닙니다. 돼지 저금통을 처음 만든 나라는 영국인데 의외로 돼지와는 별 관련도 없습니다.

16세기 영국 서민층에서는 pygg(피그)라고 불리는 오렌지빛 점토로 싸구려 그릇을 만들었습니다. 그러한 그릇 중에 남는 돈을 놓는 그릇을 pygg bank(피그 저금통)라고 했지요. 그런데 18세기에 pygg bank를 만들어 달라는 의뢰를 받은 도공이 pygg와 pig를 잘못 알아듣고는 돼지 모양 저금통이 제작했는데 오히려 이것이 인기를 끌어 영국 곳곳에 퍼졌다는 설이 유력합니다.

예전에는 저축을 권장하다 보니 돼지 저금통이 가정마다 하나씩 있었습니다. 그런데 지금은 은행에서 동전도 잘 안 받아주더군요. 참 격세지감을 느낍니다.

수표와 어음

수표와 어음은 발행인이 일정한 양식의 종이에 지급인과 수령인, 지급액을 적어 주면, 수령인은 수표를 정산해 주는 지급인인 은행을 통해 현금을 받는 형태입니다. 수표를 발행할 때 발행인은 반드시 수표 금액만큼의 자금을 은행 계좌에다 채워 두어야만 합니다. 만약 수령인이 은행에 갔더니 계좌에 자금이 부족하면 은행은 지급을 거절합니다. 이를 부도라고 합니다.

어음은 지급 기한이 적혀있습니다. 어음에 적힌 날짜 이후에 은행에서 돈을 지급받을 수 있는데 약속한 날짜에 지급이 이루어지지 않으면 부도가 납니다.

그렇기에 신용이 없는 사람과는 수표든 어음이든 거래하지 않는 것이 좋습니다. 단, 은행이 지급을 보증하는 보증수표는 현금처럼 사용해도 됩니다.

그래서 흔히 믿을 수 있는 사람을 보증수표라고 합니다. 영화만 찍었다 하면 수백만 관객을 동원할 능력이 있는 배우를 '흥행 보증수표'라는 식으로 표현합니다.

그런데 우리나라는 은행에서 보증수표를 발행하고 있을까요? 제가 다니던 중학교는 상업 과목이 있었는데, 상업 선생님이 다음과 같이 말했습니다.

"보증수표는 발행인 수표를 은행이 지급할 것을 보증한 수표이다. 하지만 은행이 바보가 아닌 이상 발행인을 믿고 보증해 줄 리가 있겠냐? 그래서 우리나라에는 '보증수표'라는 제도가 없다."

선생님 설명이 잘못되었습니다. 먼저 앞부분은 맞습니다. 은행은 발행인을 믿지 못합니다. 그래서 발행인에게 수표에 적힌 금액만큼 돈을 미리 받은 다음 수표에 보증을 해줍니다.

그러나 이런 절차도 번거로우니 은행이 아예 자기 앞으로 수표를 발행하여 돈을 받고 필요한 사람에게 팔게 됩니다. 이 수표는 자기가 발행하고 자기가 지불하는 수표라고 해서 자기앞수표라고 합니다. 즉 보증수표와 자기앞수표는 같은 개념이라고 할 수 있습니다. 그렇다고 '흥행의 보증수표' 대신 '흥행의 자기앞수표'라는 식으로 표현하기는 좀 그렇네요.

백지수표라는 표현도 있습니다. 지급액란을 백지로 비워 수령인 마음대로 쓰게 하는 것입니다. 저도 꼭 받아보고 싶습니다. 혹시 부도나지는 않겠지요.

신용카드는 어음의 발전형이라 할 수 있습니다. 다만 소비자와 판매자 사이에 신용카드회사가 들어간다는 것이 다릅니다. 소비자는 신용카드회사에 돈을 맡기고, 판매자는 신용카드회사로부터 돈을 지불받기 때문에 안심할 수 있습니다.

예금과 대출

은행에 돈을 맡기는 것은 예금, 맡긴 돈을 찾는 것은 출금이라고 합니다. 지금은 예금을 하면 이자를 주지만 중세에는 예금을 하면 보관료를 받았다고 합니다. 돈을 귀중품처럼 취급한 것입니다.

그런데 돈 보관소에서 고객이 맡긴 돈을 대출해 주고 이자를 받기 시작합니다. 돈이 많을수록 더 많은 돈을 대출해 줄 수 있으니 보관소로서는 유리합니다. 그래서 더 많은 돈을 유치하기 위해 보관료를 깎아주더니 나중에는 오히려 예금한 돈에도 이자를 주기 시작했습니다.

그런데 이제는 적은 돈을 예금하면 보관료를 받는 은행도 있다고 합니다. 대출은 돈이나 물건을 빌려주는 것입니다. 그냥 대출해 주면 떼먹고 도망갈 수 있기 때문에 대부분의 경우는 빌리는 돈이나 물건의 가치보다 큰 물건을 담보로 잡아놓습니다. 돈을 못 갚으면 담보를 처분합니다.

한 사람이 뉴욕 맨해튼에 있는 은행에서 자신의 롤스로이스 승용차를 담보로 5천 달러를 빌립니다. 그러고는 2주 후에 5천 달러에 이자까지 더해 5015달러 41센트를 갚았습니다. 그때 대출 담당자가 몇십만 달러짜리 롤스로이스를 담보로 겨우 5천 달러를 빌린 이유를 물었습니다.

이 사람의 대답은 이 글 맨 끝에…

이번에는 다른 이야기입니다. 장기 두는 걸 엄청나게 좋아하는 정승이 있었습니다. 어찌나 좋아하는지 사람을 가리지 않고 도전하면 받아주었다고 합니다. 하루는 시골 사람이 말을 한 마리 몰고 와서 말을 걸고 내기 장기를 두자고 했습니다. 그런데 실력이 형편없어서 결국 시골 사람은 말을 잃고 말았습니다.

몇 달 후, 시골 사람이 또 찾아와 도전합니다. 지난번과 마찬가지로 말을 걸고 내기 장기를 두었습니다. 그런데 이 사람은 장기의 고수였습니다. 정승이 꼼짝없이 져버려서 저번에 받았던 말을 돌려주었습니다. 정승이 '당신 같은 고수가 왜 처음에는 일부러 졌는지'를 물어봅니다. 그러자 그 사람이 답합니다.

"서울에 볼일이 있어 왔는데 몇 달 동안 말을 먹이고 관리할 돈이 없어서 잠시 정승님 댁에 맡겨놓은 것입니다."

다시 앞 얘기로 돌아가서 롤스로이스 승용차 주인의 대답은… 이제는 아실 것이라 생각합니다.

파산

뱅크Bank는 은행입니다. 또 뱅크에는 '둑'이라는 의미도 있습니다. 그래서 둑을 막아 물을 저장하듯 돈을 저장하는 곳이 뱅크라고 생각했는데 전혀 사실이 아니더군요.

뱅크는 이탈리아어 방카Banca에서 온 말입니다. 방카는 영어의 벤치Bench나 데스크Desk와 같은 뜻입니다. 중세 시대 이탈리아의 베니스는 국제무역이 활발하던 곳입니다.

베니스의 금융업자들은 광장에 Banca를 설치하고 여러 나라의 돈을 환전해 주었으며, 여행객들이 Banca에 돈을 맡기고 가기도 했습니다. 혹은 돈을 꾸어주고 이자를 받는 업자도 있었겠지요. (그래서 베니스의 상인이라는 희곡이 나온 것입니다.) 즉 은행업을 하였기 때문에 방카가 은행이라는 의미로 사용되었습니다.

그런데 가끔 금융업자가 파산하는 경우도 있습니다. 그러면 돈을 맡긴 사람들이 더 이상 업자가 일을 못 하도록 방카를 박살 내어버립니다. 이를 방카로타Bancarotta(부러진 탁상)라고 합니다. 이 말이 영어식으로 변형된 것이 뱅크럽트Bankrupt입니다. 파산破産이 아니라 파상破床이라고 해야 할 것 같네요.

중세 최고의 파산 사태는 피렌체에서 일어났습니다. 영국 왕실은 프랑스와의 전쟁을 치르기 위해 영국의 모직업을 독점하게 해 주겠다는 조건으로 피렌체의 바르디 가문 등에 200만 플로린을 대출받습니다. (1 플로린은 3~5그램 정도의 금으로 만들어집니다.)

하지만 전쟁이 100년 넘게 이어지면서 영국은 디폴트를 선언합니다. 그로 인해 많은 상인 가문이 몰락하고 이 여파로 피렌체에서는 교황파와 상인파의 내전이 일어나는 등 극도의 혼란 상태에 빠지게 됩니다. 상床이 아니라 국가가 박살이 났습니다.

지급준비제도

옛날이야기에 화수분이라는 단지가 나옵니다. 화수분이란 그 안에 물건을 담아두면 같은 물건이 계속 나오는 마법의 단지를 말합니다. 아마도 부자로 살고 싶었던 사람들의 바람이 만든 환상의 물건이겠지요. 하지만 현대 사회에서 은행은 이 화수분을 현실로 만들었습니다. 바로 지급준비제도입니다.

은행이 고객으로부터 돈을 받으면 그냥 금고에 넣어두지 않습니다. 은행은 이 돈을 빌려주고 이자를 받아서 이익을 냅니다. 그러면 은행은 수익의 일부를 고객에게 돌려줍니다. 이것이 이자입니다.

그렇다고 모든 돈을 전부 대출해 줄 수는 없습니다. 고객이 돈을 찾으러 올 때 지급해야 하기 때문에 일부는 보관하게 되는데 이것을 지급준비금이라고 합니다. 은행이 가진 돈의 얼마만큼을 준비금으로 가지느냐를 지급준비율이라고 합니다. 그런데 이 지급준비율이 마법을 부려 돈을 만들어 냅니다.

첫 번째 은행이 1천 원을 가지고 있고, 지급준비율이 20%라고 하겠습니다. 첫 번째 은행은 두 번째 은행에 800원을 빌려줄 수 있습니다. 두 번째 은행은 받은 800원에서 20%만 지급 준비금으로 가지고 세 번째 은행에 640원을 빌려줄 수 있습니다. 이 과정을 반복하면 모든 은행이 대출해 준 돈의 총액은 5000원이 됩니다. 1000원이 5000원이 되는 마법이 벌어지는 것입니다.

만약 지급 준비율을 0%로 하면 대출해 줄 수 있는 돈은 무한대가 됩니다. 이러한 방식은 부동산 투자에도 그대로 적용할 수 있습니다.

1억짜리 집을 사서 8000만 원의 전세를 받은 후 2000만 원을 보태 다시 1억짜리 집을 삽니다. 다시 이 집을 8000만 원의 전세를 받은 후 2000만 원을 더 보태 다시 1억짜리 집을 삽니다. 이를 반복하면 2억 원을 가지고 1억짜리 집을 6채 가질 수 있습니다.

집1	1억	1억
집2	집1 전세 8000만 + 2000만	1억 2000만
집3	집2 전세 8000만 + 2000만	1억 4000만
집4	집3 전세 8000만 + 2000만	1억 6000만
집5	집4 전세 8000만 + 2000만	1억 8000만
집6	집5 전세 8000만 + 2000만	2억

하지만 만약 이 집에 전세를 살던 사람들이 모두 이사하겠다고 전세금을 달라고 하면 어떻게 될까요? 실제로 우리나라에서 이런 사건이 일어났습니다. 2022년 12월경, 수천 채 단위의 주택을 가진 일명

'빌라왕' 몇 명 때문에 수백 세대의 세입자들이 전세 보증금을 돌려받지 못하는 사건이 일어났습니다. 은행도 마찬가지라 예금주가 한꺼번에 많은 돈을 빼가면 은행이 줄줄이 파산하는 뱅크런이 일어납니다.

2008년 미국에서 빌라왕과 같은 사태가 일어납니다. 그리고 빌라왕에게 투자하였던 리먼 브라더스라는 은행에서 뱅크런이 일어났습니다. 당시 손실액은 6,700억 달러(약 700조)였습니다.

채권과 선물투자

이사벨라 여왕은 스페인을 가톨릭의 나라로 만들기 위해 유대인들에게 개종 아니면 빈손으로 추방을 명령합니다. 유대인들은 명령에 어쩔 수 없이 개종하게 됩니다. 하지만 유대인의 개종 따위는 믿지 않았던 이사벨라는 유대인들을 종교재판에 부쳐 거짓 개종을 했다는 말이 나올 때까지 고문 후 죽여버립니다.

이렇게 유대인으로부터 재산을 뺏은 스페인은 유럽 최고의 부국이

되지만 무역과 금융을 장악한 유대인들로부터 외면받으면서 더 이상 부를 축적할 수 없게 됩니다. 또한 유대인으로부터 빼앗은 돈을 이슬람으로부터 이베리아반도를 되찾기 위한 활동인 레콩키스타에 쏟아붓는 바람에 왕실의 보물까지 저당 잡힐 정도로 국고가 바닥납니다.

이사벨라 여왕이 콜럼버스의 항해를 지원한 이유도 국고를 늘리기 위한 투자였습니다. 결과적으로 미 대륙에서 어마어마한 보물이 들어왔고 스페인의 국고는 다시 가득 차게 됩니다.

하지만 쓸데없는 전쟁에 많은 돈을 사용한 스페인의 카를로스 1세(신성로마제국 황제 카를 5세)는 단기 운용 자금을 유통하지 못하는 사태에 자주 직면하게 됩니다. 스페인은 이런 상황을 타개하기 위해 세계 최초의 국채인 후로juro를 발행합니다. 미 대륙에서 보물을 실은 배가 들어올 것이라고 믿은 사람들은 후로juro에 투자합니다. 이 투자자들은 스스로 몰랐겠지만 사실상 최초의 선물先物 투자자인 셈입니다.

채권은 중앙 정부나 지방 정부, 공기업, 금융기관, 회사, 기타 법인들이 정책이나 사업을 시행하기 위한 자산을 조성하기 위해 돈을 빌리고 정해진 기한 후 돌려주겠다고 약속한 증권입니다. (증권은 재산상의 권리와 의무에 관한 사항을 기재한 문서입니다.)

국가에서 발행하면 국채, 지방 정부가 발행하면 지방채, 회사에서 발행하면 회사채입니다. 개인이 빚을 얻으려면 빚을 내줄 사람을 찾아가야 하지만, 신용도가 높은 채권은 반대로 빚을 내주겠다고 찾아오는 셈입니다.

네덜란드 튤립 거품

튤립은 터키가 원산지입니다. 오스만 제국의 수도 이스탄불에 주재하던 오스트리아 외교관이 튤립을 선물로 받아, 1559년 오스트리아 빈으로 가져오면서 처음으로 유럽에 소개되었습니다. 그런데 1630년대 네덜란드에서는 이 튤립이 투자의 대상이 됩니다.

당시 네덜란드는 세계 금융의 중심이었습니다. 스페인의 종교 박해를 피해 유대인들과 위그노들이 막대한 자금을 들고 암스테르담으로 도망칩니다. 1609년에 암스테르담에 세계 최초의 증권거래소가 생겼고 실물, 외환, 신용대출 등을 취급하는 은행도 네덜란드 곳곳에 생깁니다. 30년 전쟁의 여파로 보헤미아와 체코 등의 직물 산업이 붕괴하면서 네덜란드는 금융을 독점하게 됩니다.

돈이 넘쳐나는 와중에 투자처를 찾지 못한 은행들은 부유층들에게 희귀한 튤립이 고가에 거래된다는 점을 이용 튤립에 투자합니다.

그 이후, 튤립의 가격은 천정부지로 치솟습니다. 괜찮은 튤립 알뿌리 하나가 무려 집 한 채 가격이었습니다. 1637년 1월에는 절정에 달하는데 하루에 두세 배씩 오르기도 하고 한 달 동안 몇천% 상승하기도 합니다. 이런 상황이 되자 네덜란드에서는 중산층과 하층민들까지 집과 땅을 팔아 튤립 알뿌리에 선물투자를 합니다.

그런데 1637년 2월 5일 이유를 알 수 없이 튤립의 가격이 추락합니다. 어찌 됐든 추락하는 가격에는 날개가 없었습니다. 4개월 만에 95~99% 가치가 하락하고 맙니다. 네덜란드 국민은 정부에 도움을 요청했지만 정부는 튤립 매입 비용을 도박 빚으로 규정하고는 도움을 거부합니다. 결국 네덜란드 국민의 절반이 하층민으로 전락하게 됩니다.

미래의 일정한 시기에 상품을 넘겨준다는 조건으로 현재 시점에서 가격을 정해 매매 계약을 하는 거래를 선물 거래라 합니다. 하지만 네덜란드의 사례에서도 알 수 있듯이 상품의 가격이 미래에 어떻게 될지 알 수 없기 때문에 굉장히 위험한 투자이기도 합니다.

미시시피 거품

18세기 초 프랑스는 빚에 허덕이고 있었습니다. 이때 스코틀랜드의 사업가 존 로는 지금까지 사용되던 금속화폐 대신 지폐를 사용하여 통화 공급량을 조절하는 아이디어를 냅니다. 존 로의 아이디어에 따라 자본금 600만 리브르로 프랑스 최초의 은행, 방크 제네랄 Banque Generale이 설립되고 여기에서 발행한 지폐로만 세금을 납부하도록 하면서 프랑스의 국채가 줄어듭니다. 이 공로로 재무총감까지 승진한 존 로는 1717년 8월 정부로부터 미시시피강 주변의 개발 무역 계획을 수행하는 미시시피 회사 설립을 승인받습니다. (당시 미시시피는 프랑스 땅이었습니다.)

존 로는 루이지애나가 최고의 투자처라고 선전하며 투자자를 모았습니다. 1718년 액면가 300리브르로 발행된 미시시피 회사의 주가는 1719년 2만 리브르가 됩니다. 당시 프랑스 국민은 누구나 미시시피 회사에 투자하려고 했습니다. 하지만 프랑스 정부가 재정 적자를 해결하기 위해 돈을 계속 찍어내면서 돈의 가치가 폭락하기 시작합니다.

은행권과 유가 증권을 믿을 수 없게 된 국민들이 이것들을 금화나 은화로 바꾸기 시작하면서 미시시피 회사의 주가는 폭락하고 1720년 6월 미시시피 회사의 주가가 500리브르까지 떨어집니다. (인플레이션을 고려하면 실제 가치는 최초의 액면가보다 못합니다.) 이에 따라 정부는 신용을 잃고 나중에 프랑스 대혁명을 초래하는 빌미가 됩니다.

또한 루이지애나는 저주받은 땅이 되어 미국에 헐값으로 팔리게 되고 '방크'란 말도 꺼리는 말이 되어 프랑스에서는 은행을 소시에테 Societe(회사)나 크레디Credit(신용)로 부르게 됩니다.

인플레이션이란 일정 기간 물가가 지속해 오르거나, 화폐가치가 지속적이고 떨어지는 현상을 말합니다. 이런 현상이 일어나는 까닭은 여러 가지가 있겠지만 가장 주요한 원인은 돈을 마구 찍어내는 것입니다.

나라의 화폐 전체 가치는 그 나라의 총생산량의 가치와 같습니다. 그런데 화폐를 마구 찍어내며 통화량을 증가시키면 화폐는 많지만 총생산량의 가치는 그대로이니 화폐의 가치가 떨어지게 됩니다.

남해 거품

1720년 영국에서는 노예무역 회사인 남해 회사South Sea Company
가 주식을 남발하며 주가를 수십 배로 끌어 올렸다가 한 번에 폭락
해 버린 남해 거품 사태가 일어납니다. (거품 경제라는 단어는 여기
에서 생겼습니다.)

노예무역에서 손해를 본 남해 회사는 이를 만회하기 위해 영국 정
부에 막대한 로비를 벌여 회사 주식을 일반에게 공개할 수 있는 권리
를 얻어냅니다. 주가를 올리기 위해 남해 회사는 자신의 회사가 어
마어마한 이득을 보는 회사라는 거짓말로 대중을 선동합니다. 이 선
동에 놀아난 대중에 의해 1720년 6월 주당 100파운드로 시작한 주
가는 순식간에 890파운드까지 치솟았고 8월 초에는 1000파운드가
됩니다.

하지만 실제로 남해회사는 이득은커녕 손해만 보았고 이 사실을
알고 있던 정부 관료들이 주식을 팔아치웁니다. 이 사실이 소문으로
퍼지자 남해회사 주식은 삽시간에 폭락하기 시작했고 1720년 9월 주

가는 주당 150파운드, 12월에는 124파운드까지 떨어집니다. 당시 여기에 투자한 아이작 뉴턴도 2만 파운드(요즘 가치로 20억 원)를 잃어버립니다. 조폐국장이기도 했던 뉴턴은 다음과 같은 말을 남깁니다.

I can calculate the motion of heavenly bodies, but not the madness of people.

(나는 천체의 움직임을 계산할 수 있다. 그러나 인간의 광기는 계산할 수 없다.)

인플레이션과는 반대로 일정 기간 물가가 지속해 내려가거나, 화폐가치가 지속적이고 올라가는 현상을 디플레이션이라고 합니다. 인플레이션의 반대니까 좋은 현상이라고 생각하면 안 됩니다. 돈의 가치가 오르면 기업은 손실을 만회하기 위해 노동자를 해고합니다. 해고된 노동자는 돈이 없으니 물건을 사지 못합니다. 그 때문에 경제가 성장하지 못하게 됩니다. 인플레이션과 디플레이션은 동전의 양면과 같습니다.

경제 거품이 터지면 그 충격으로 인플레이션이 오고, 곧이어 디플레이션이 옵니다. 바다에 파도가 위, 아래로 출렁거리는 것으로 생각하면 됩니다.

폰지사기

다단계 회사의 사기 수법은 다음과 같습니다. 투자자들에게 거액의 배당을 주겠다고 투자받아 그 돈으로 또 다른 투자자들을 모은 뒤이들의 투자금으로 기존의 투자자들에게 약속한 배당금을 지급하는 방식입니다.

1920년경 캐나다의 찰스 폰지가 시초로 알려져 있습니다. 그 때문

에 폰지사기라고도 합니다. 이러한 방식이 문제가 되는 것은 이 방법이 영원히 지속될 수 없다는 것입니다. 언젠가는 신규투자자들을 모을 수 없는 순간이 오고 그때가 되면 약속한 배당금을 지급할 수 없습니다. 이때쯤이면 사기꾼은 먹튀를 합니다.

이 사기 때문에 나라가 뒤집힌 경우도 있습니다.

알바니아는 1990년대 공산국가에서 자본주의로 체제가 바뀌면서 모든 기업이 다단계 방식으로 운영됩니다. 결국 1997년에 대부분의 기업이 파탄이 나버리고 알바니아 인구의 60%인 200만 명이 12억 달러의 피해를 봅니다. 사태가 이렇게 커진 것은 집권당인 알바니아 민주당이 다단계 업계의 뇌물을 받고는 국민들에게 안전하다고 안심을 시켰기 때문입니다.

피해자들은 반정부 시위를 벌여 3800여 명이 사망하는 내전이 발생하고 결국 조기 총선으로 민주당이 무너지고 사회당이 집권하게 됩니다. 절대로 다단계에 투자해서는 안 됩니다.

국민연금의 구조는 사실 다단계와 같습니다. 미래 세대의 돈을 이전 세대에게 주는 방식입니다. 하지만 연금 지급의 주체가 국가이니 다단계 업체처럼 먹튀할 가능성은 거의 없습니다. 기금이 모자라면 강제로 세금을 더 걷어서 채울 수 있기 때문입니다. 정 지급 못 할 정도가 되면 조폐청에서 돈을 찍어내는 방법도 있습니다. (인플레이션은 어떡하고...)

하지만 아무리 제도가 좋아도 운용하는 인간이 도둑놈이면 아무 소용이 없습니다. 그래서 투표는 신중하게 해야 합니다.

복권

복권에는 여러 가지 종류가 있습니다. 그중에 당첨되면 복권 회사에서 직접 찾아오는 친절한 복권도 있습니다. 바로 이 복권에 80살의 할머니가 100억이 당첨되었습니다. 그러나 복권에 당첨되고 심장마비로 죽는 경우도 있기에 복권회사 대리인들은 할머니의 친구인 이웃집 할아버지를 찾아갑니다. 그리고 할머니가 충격받지 않도록 말해달라고 부탁합니다.

할아버지가 할머니를 방문합니다. 그리고 대화 도중 불쑥 말을 꺼냅니다.

"할멈, 만약 100억 복권에 당첨되면 어쩌실 꺼유?"

"영감에게 절반 뚝 잘라주지."

할아버지는 그 자리에서 심장마비로 돌아가시고, 할머니는 약속을 지켜서 할아버지의 가족에게 50억을 주었습니다.

4장

군사

현충일

고려 때부터 24 절기의 하나인 '망종'에 전사한 장병들에게 제사를 지냈습니다. 이날이 6월 6일 전후라서 현충일을 6월 6일로 하였습니다.

고려 현종 5년(1014) 6월에 거란과의 전쟁에서 전사한 장병들의 유골을 집으로 보내 제사를 지내게 했다는 기록이 있습니다. 현종은 우리나라 역사에서 아주 중요한 분기점이 되는 사람입니다. 현종 이전의 왕들은 전쟁이 터지면 용감하게 최전선에 나가서 싸웠습니다. 삼국시대 역사만 봐도 싸우다 죽은 왕이 수두룩합니다. 백제 개로왕을 예로 들겠습니다. 개로왕은 장수왕의 공격으로 도성이 함락될 위기에 처하자, 당시의 태자 문주를 불러 다음과 같이 말합니다.

"나는 당연히 나라를 위하여 죽어야 하지만 네가 여기에서 함께 죽는 것은 유익할 것이 없으니, 난리를 피하였다가 왕위를 잇도록 해라."

결국 문주는 구원병을 구하기 위해 도망쳤고, 개로왕은 죽습니다. 개로왕이 실정을 많이 했지만 적어도 백성을 버리고 도망치지는 않았습니다. 이것만으로도 왕의 자격이 있다고 저는 생각합니다. 한국사에서 이러한 행동을 마지막으로 보여준 왕이 현종입니다. 거란의 3차 침입에서 개경을 버리지 않고 끝까지 남아 지킵니다.

이후로는 왕이 도망치는 전통이 시작됩니다. 그 시작도 아이러니하게 현종입니다. 거란의 2차 침입 때 나주까지 도망칩니다. 그래도 현종은 많이 반성했는지 3차 침입에서는 깔끔하게 설욕합니다. 하지만 이후로는 꿈도 희망도 없습니다. 무신의 난 이후 몽골군이 침략하자 제일 먼저 보따리를 싸서 강화도로 도망갑니다. 공민왕도 홍건적의 침략에 도망갑니다. 선조도 임진왜란 때 도망갑니다. 인조도 병자호란 때 도망갑니다.

물론 전략상 후퇴일 수도 있습니다. 프랑스의 드골의 경우가 그렇습니다. 나치의 공세에 패배했지만, 망명정부를 이끌면서 기어이 프랑스를 탈환합니다. 그가 했던 말은 참 가슴을 찡하게 합니다.

La France a perdu une bataille, mais la France n'a pas perdu la guerre

(프랑스는 전투에서 졌습니다. 하지만 프랑스는 전쟁에서 지진 않았습니다.)

데프콘과 진돗개

데프콘DEFCON은 Defense Readiness Condition의 약자로 전투 준비 태세를 가리킵니다. 1에서 5까지 있으며 숫자가 높을수록 평화 상태를 의미합니다. 군대에서 훈련 중에는 데프콘이라는 말 대신 다른 용어를 사용합니다.

- 데프콘 5 : 훈련 용어로는 Fade out입니다. 적의 위협이 사라진 안전한 상태로 우리나라에서는 통일이 되어야만 발령됩니다.

- 데프콘 4 : Double Take. 적과 대치하고 있으나 전쟁 발발 가능성이 낮은 상태로 우리나라는 한국전쟁 휴전 이후 계속 데프콘 4입니다.

- 데프콘 3 : Round House. 준전시 상태입니다. 우리나라는 데프콘 3이 발령되면 한미연합군사령부에 작전권이 이양되고, 전군의 외출 외박이 금지됩니다. 또한 언제라도 전투에 나갈 수 있도록 막사에서 대기하게 됩니다. 우리나라에서는 1976년 판문점 도끼만행사건, 1983년 아웅 산 묘소 폭탄 테러 때 발령되었습니다.

- 데프콘 2 : Fast Pace. 전쟁 준비 완료 상태입니다. 동원지정된 예비군이 소집되고, 전군에 탄약이 지급됩니다. 막사를 떠나 작전계획 진지로 이동합니다. 우리나라에서는 다행히도 발령된 적이 없고, 미국에서는 쿠바 미사일 위기 때 발령되었습니다.

- 데프콘 1 : Cocked Pistol. 전시상태입니다.

이와 비슷한 것으로는 진돗개가 있습니다. 데프콘이 전국 단위라면 진돗개의 경우는 발령 지역에만 한정됩니다. 평시에는 '진돗개 셋', 위기 발생이 예상되는 경우에는 '진돗개 둘', 적의 침투 상황이나 대간첩작전 시에는 '진돗개 하나'입니다.

항상 진돗개는 3마리, 데프콘은 5가 되었으면 좋겠네요.

군대의 편제

우리나라 육군 보병 기준으로 군대의 편제를 설명하겠습니다. 최소단위는 분대입니다. 인원은 7명~11명입니다. 분대장은 상병, 병장, 하사가 맡습니다.

4개 분대가 모이면 소대입니다. 20~55명이며, 소위나 중위가 소대장입니다.

4개 소대가 모이면 중대입니다. 독자적인 전술 행동을 할 수 있는 최소 단위입니다. 실제 전쟁이 터지면 주둔지에서 독립적으로 생활하게 됩니다. 약 100~255명 정도입니다. 대위가 중대장입니다.

4개 중대가 모이면 대대입니다. 대대는 상급 부대의 명령을 받고 단독으로 작전이나 전투에 투입될 수 있는 최소 부대 단위입니다.

4개 대대가 모이면 연대입니다. 사령부를 가질 수 있는 최소 단위입니다. 연대부터 독립된 부대 숫자를 부여받습니다. 예를 들어 1대대는 연대마다 있지만 4연대는 국군에서 단 한 부대뿐입니다. 1,000~3,000명 정도로 대령이 연대장입니다.

여단은 다음에 설명할 사단과 연대의 중간 정도의 규모입니다. 4,000~16,000명 정도로 구성되며, 준장이 여단장입니다. 통상적인 편제에서 벗어나 있습니다. 특수부대들이 주로 여단을 구성합니다.

4개 연대가 모이면 사단입니다. 장기간 독자적인 전투 수행이 가능하도록 편성된 부대입니다. 3,000~20,000명 정도입니다. 사단부터는 육군에 존재하는 보병, 포병, 기갑병, 공병 등 대부분의 군인을 휘하에 두게 됩니다.

두세 개 사단이 모이면 군단입니다. 20,000~80,000명으로 이루어집니다. 제대로 된 국가라면 최소한 하나의 군단은 보유하고 있어야 합니다. 2023년 기준 우리나라는 7개 군단이 있습니다. 중장이 군단장을 맡습니다.

군단의 위는 야전군입니다. 80,000~200,000명으로 이루어집니다. 작전사령부를 구성합니다. 무제한 독자적인 전투 수행이 가능합니다. 우리나라의 경우 육군은 지상작전사령부와 제2작전사령부, 해군은 해군작전사령부, 공군은 공군작정사령부가 있습니다. 사령부의 지휘관은 사령관이며 육군은 대장, 해군과 공군은 중장이 맡습니다.

야전군 위는 집단군입니다. 40만~150만 명으로 이루어져 있으며 사령관은 대장이나 원수입니다. 웬만해서는 구성이 되지 않습니다. 실제로 구성된 사례는 2차 세계대전 때 미국, 소련, 나치입니다. 현재는 구성된 나라가 없습니다. 실제로 구성이 가능한 나라는 미군, 중국군, 인도군, 대한민국 국군, 북한군, 러시아군 정도입니다.

군대의 계급

군대 계급은 크게 세 부분으로 나눕니다. 사병과 부사관(예전에는 하사관), 장교입니다. 사병의 계급장은 흔히 벽돌이라고 합니다. 벽돌 하나면 이(등)병, 둘이면 일(등)병, 셋이면 상(등)병, 넷이면 병장입니다.

부사관은 갈매기라고 합니다. 갈매기가 한 마리면 하사, 둘이면 중사 셋이면 상사, 그 위에 별을 달면 원사입니다.

그 위에 준사관인 준위가 있습니다. 흔히 노란 밥풀때기라고 합니다. 그 위는 사관입니다. 처음 임관하면 밥풀때기입니다. 밥풀때기 숫자에 따라 소위, 중위, 대위로 나눕니다.

그 위는 말똥입니다. 역시 숫자에 따라 소령, 중령, 대령으로 나눕니다.

그 위는 별입니다. 숫자에 따라 준장, 소장, 중장, 대장입니다.

별이 5개 면 '원수'입니다. 우리나라에는 아직 없습니다.

사회에서 예를 들자면 사병을 간호조무사, 부사관을 간호사, 사관을 의사라고 생각하면 비슷합니다. 간호사가 의사가 될 수 없듯이 부사관이 사관이 될 수는 없습니다. 그리고 서로 맡은 업무가 다르기 때문에 서로 협력하는 관계이지 상하관계가 아닙니다. (단, 사병과 부사관, 사관 관계는 상하관계입니다.)

	장성급 장교			
	[원수]			
장교	준장	소장	중장	대장
	영관급 장교			
	소령	중령	대령	
	위관급 장교			
	소위	중위	대위	
준사관	준위			
부사관	하사	중사	상사	원사
병	이등병	일등병	상등병	병장

장군과 제독

    육군이나 공군의 장성급 장교는 장군將軍이라고 하는데 유독 해군의 장성급 장교는 제독提督이라고 합니다. 이는 서양의 군사 체제를 받아들이면서 생긴 명칭이기 때문입니다. 조선에서는 정부에서 육군과 수군을 운용하였기 때문에, 권율도 장군이고 이순신도 장군이라 불렀습니다.

    한편, 유럽의 경우는 육군과 해군이 별도로 성립되었습니다. 육군은 징집이나 모병제로 운용하였습니다. 해군은 따로 편성하지 않고, 전쟁이 났을 때 장사하는 배인 상선과 선원을 징발해 임시 편성했다가 전쟁이 끝나면 해제하는 식으로 운용했습니다. 현재도 이런 흔적이 남아서 상선의 선장, 기관장, 항해사, 기관사 등 간부 선원을 상선 사관이라고 합니다.

    근대에 들어 정규 해군이 편성되었지만, 해군의 경우는 육군의 계급 명칭이 아니라 상선 시절 사용하던 명칭을 그대로 사용했습니다. 선장을 뜻하는 캡틴Captain은 대령, 배 두 척 이상을 지휘하는 사람을 뜻하는 코모도어Commodore는 준장이 됩니다. 여러 척의 배가 모인 선단을 이끄는 사람은 사령관을 뜻하는 아랍어 أمير(애미르)에서 유래한 애드머러admiral라고 했는데 해군 장성을 가리키는 말이 되었습니다.

그래서 1846년 프랑스가 조선으로 문서를 보낼 때 애드머러를 장군將軍이 아니라 수사제독水師提督이라고 번역했습니다. 우리나라는 서양식 군사 체제를 받아들였기 때문에 애드머러를 제독이라고 번역해 사용합니다.

육군에서는 대위를 캡틴(Captain), 준장을 브리거디어(Brigadier), 장성을 제너럴(Genaral)이라고 합니다.

특수부대

특수부대란 특수한 임무를 수행하는 부대입니다. 이렇게 정의한다면 멋진 옷을 입고 총을 돌리는 의장대도 특수부대겠지요. 하지만 의장대는 특수부대가 아닙니다.

특수부대란 수색전, 게릴라 활동, 첩보 활동, 비밀 작전, 파괴 공작, 심리전, 대테러전 등의 비정규전과 저강도 분쟁을 전문적으로 하는 부대를 말합니다. 바다에서 침투하는 해병대, 하늘에서 침투하는 공수부대는 특수부대가 아닙니다. 이 부대들은 비정규전과 저강도 분쟁을 하지는 않습니다.

현대적인 특수부대의 시초는 2차 대전 때 활약한 영국 육군 코만도입니다. 그 후 세계 각국은 특수부대를 창설합니다. 영국의 SAS, 미국의 그린베레, 네이비씰, 러시아의 스패츠나츠, 대한민국의 특전사, UDT(해군 특수전 전단) 등등….

여기서 어느 부대가 세계 최강이냐는 논쟁이 벌어집니다. 사실 특수부대라고 해도 주특기가 다르고 특수부대에 관한 일 자체가 기밀이기 때문에 쉽게 결론 내릴 수는 없습니다.

하지만 제가 아는 한 공동 4위는 미국의 델타포스와 데브그루입니다. 이들은 특수부대에서 뽑힌 특수부대입니다. 무슨 소리냐면 델타포스는 위에서도 나온 그린베레나 다른 육군 특수부대원 중에서 다시 뽑은 부대이고, 데브그루 역시 위에 나온 네이비씰이나 다른 해군 특수부대에서 다시 뽑은 부대이기 때문입니다.

그러면 1, 2, 3위의 특수부대는 어디일까요? 역시 우열을 가릴 수 없기 때문에 공동 1위인 세 부대가 있습니다. 기밀이지만 여러분에게만 알려드리겠습니다. 저 또한 있다는 얘기만 들었지 정체를 파악하지는 못한 전설적인 특수부대들입니다. 우선, 월남 스키부대, 다음으로 사하라 UDT, 마지막으로 시베리아 정글 레인저입니다. 한때 우리나라에서도 월남 스키부대를 운용한 적이 있다고 합니다. 더 이상 알려드렸다가는 국정원이나 CIA, KGB에 끌려갈까 봐 이 정도만 하겠습니다.

전우애와 임전무퇴

'피는 물보다 진하다'라는 말이 있습니다. 뭐니 뭐니 해도 결국은 혈연이라는 의미로 사용됩니다. 그러다 보니 혈연을 중시하는 우리나라 속담 같지만 사실은 영어 격언입니다. 영어로 'Blood is thicker than water'이지요.

제2차 아편전쟁에서 영국군이 청나라의 다구포대에서 전멸의 위기에 처하자, 미국인 함장 조시아 태트널이 미국의 중립 정책을 어기고 부상자를 구출합니다. 후에 미국에서 조사받을 때 한 말이 "피는 물보다 진하다. 백인이 죽어가는 것을 보고만 있을 수 없다"입니다.

더군다나 이 말은 우리가 알고 있는 의미와 완전히 반대입니다. 이 말은 예전부터 전해 내려오던 "The blood of the covenant is thicker than the water of the womb"를 인용한 것입니다. 뜻은 "피로 맺은 약속은 양수羊水보다 진하다"입니다. 즉 함께 피를 흘린 전우가 같은 배에서 난 형제나 혈연보다 훨씬 끈끈한 관계라는 의미입니다. 결국 영국-프랑스 연합군은 기어이 다구포대를 점령하고,

천진까지 점령해 천진조약을 맺게 됩니다.

하지만 병사들이 전부 충성심과 전우애로 똘똘 뭉쳐 임전무퇴臨戰無退의 정신으로 전쟁하는 것은 아닙니다. (임전무퇴는 신라 화랑들이 지켰던 세속오계 중 하나로 전쟁에서는 후퇴하지 않아야 한다는 뜻입니다.)

그래서 현실에서는 독전대라는 부대를 후방에 운용합니다. 봉건제 사회에서는 국가에 대한 충성이라는 개념이 없었기에 강제로 징집당한 사람들이 탈영하기 일쑤였습니다. 장교는 전투 지휘뿐 아니라 탈영병이 생기지 않도록 감시하는 것도 주된 임무 중 하나였습니다. 병사들을 강제로라도 전투를 시키기 위해서 전선 뒤에 따로 부대를 배치해서 도망치는 병사들을 즉결 처형시킵니다. 그리고 이 임무를 맡은 부대가 바로 독전대입니다. 즉 강제로 임전무퇴할 수밖에 없습니다.

지금은 봉건제 사회가 아니기 때문에 사정이 많이 나아졌지만, 대한민국도 한국전쟁 때는 독전대를 운용하였습니다. 주로 헌병들이 독전대를 구성합니다. 물론 현재는 독전대를 두고 있지는 않습니다만, 저는 전쟁이 나면 독전대를 다시 운용할 것이라고 생각합니다.

군사력

국가를 경영하려면 무엇이 필요할까요? 공자는 식량과 군대와 믿음 세 가지를 말했습니다. 미국은 그중 두 가지는 확실히 가지고 있습니다. 특히 군사력에서는 세계 최강이지요.

2015년도 자료를 보면 미국의 국방비는 5960억 달러, 미국을 제외한 전 세계의 군사비는 1조 80억 달러입니다. 군사력 2위인 중국(2150억 달러)부터 10위인 대한민국(360억 달러)까지 국방비를 다 합쳐야 미국의 국방비와 비슷한 수준입니다. 미국은 이런 막강한 군사력을 바탕으로 세계 곳곳을 침투합니다. 당장 우리나라에도 미군 부대가 있습니다. 이 때문에 미군에 대한 인식도 썩 좋지는 못합니다.

미군은 양적으로도 세계 최강이지만 질적으로도 세계 최강입니다. 미국인이 군인을 대하는 태도를 보면 왜 그런지 알 수 있습니다. 미국에서 군인은 VIP입니다. 당장 미국 공항에서 비행기를 타면 다음과 같은 안내방송이 나옵니다. "지금부터 탑승을 시작합니다. 일등석, 비즈니스석 손님과 장애인 손님 그리고 군인들은 먼저 비행기에 올라주시길 바랍니다."

뿐만 아니라 비행기에 일등석, 비즈니스석에 빈자리가 있으면 승무원은 제일 먼저 이코노미석에 있는 군인들을 찾아가 자리를 옮기라고 권하기도 합니다. 또한, 미국에선 군인증, 제대 군인증만 제시하면 어떤 신용카드나 멤버십 카드보다 강력한 할인 혜택을 받을 수 있습니다.

미국에 살면 자주 보게 되는 일이 있습니다. 경기장이나 행사장에서 "여기에 군인 가족이 있느냐?"라는 안내방송이 나오고 군인 가족이 일어서면 미국을 지키는 자랑스러운 사람들이라고 소개하고 주위 사람들은 박수를 쳐줍니다.

5장

법

헌법과 법

헌법은 국가의 기본 법칙으로 그 내용은 국민의 기본적 인권 보장, 국가의 정치 조직 구성과 정치 작용 원칙, 국민과 국가의 관계 규정 등으로 구성되어 있습니다.

인권, 행복추구권, 평등권, 자유권, 사회권, 청구권, 참정권 등의 기본권과 국방의 의무, 납세의 의무, 교육의 의무, 근로의 의무, 환경 보전의 의무, 재산권 행사의 공공 복리 적합 의무 등 국민의 의무가 헌법에 명시되어 있습니다. 또한 모든 법은 헌법에 기초하고 있습니다. 만약 어떤 법이 헌법을 위배한다고 생각되면 헌법재판소에 위헌 법률심판제청신청을 하면 됩니다. 제청이 받아들여져 그 법이 위헌 판결이 나면 그 법은 효력을 잃어버립니다.

헌법을 군주가 만들면 흠정헌법, 국민이 만들면 민정헌법이라고 합니다. 글로 명확하게 기록된 헌법은 성문헌법이라고 하고, 그렇지 않은 헌법은 불문헌법입니다.

불문헌법은 기록된 헌법이 없고 관습으로 정해지거나, 일반법 등에 헌법 사항이 규정되어 있는 것으로, 영국이 불문헌법을 사용합니다. 우리나라는 성문헌법을 사용하는 국가였지만 2004년 관습헌법에 따라 '서울이 수도'라는 헌법재판소의 판결이 나면서 불문헌법도 사용하는 나라가 되었습니다.

법은 형법과 민법으로 나눌 수 있습니다. 형법은 어떤 행위가 범죄이며 그 처벌은 어느 정도이며 어떤 종류의 것인가를 규정하는 법을 말합니다. 민법은 사람이 어떤 권리를 가지고 있고, 그 권리가 침해받았을 때 어떻게 구제할 것인가를 규정하는 법을 말합니다.

도덕과 법은 인간이 정하고 약속한 것입니다. 문화가 바뀌면 도덕과 법이 바뀌고 과거와 현재의 도덕과 법도 다릅니다. 이 중 '지키면 좋겠다'라고 하면 도덕이고, '안 지키면 벌 받는다'라고 하면 법입니다. 이러한 법을 마치 자연법칙처럼 불변하고 어떤 시간과 장소에서도 적용되는 것처럼 주장하면 종교가 됩니다.

법과 린치

인류 역사상 가장 오래된 성문법으로 알려진 함무라비 법전에는 똑같이 갚아준다는 뜻의 동해보복 형법 규정이 있습니다. 흔히 알려진 '눈에는 눈 이에는 이'가 동해보복입니다. 구체적으로는 '사람을 죽인 자는 사형', '사람의 눈을 멀게 한 자는 눈을 멀게 한다' 등의 내용이 담겨있습니다. 이 때문에 함무라비 법전에 나와 있는 법을 미개하다고 여기는 사람들이 있습니다. 반대로 엄벌주의자들은 지금보다 더 공평하고 합리적인 법이라고 주장하기도 합니다.

하지만 함무라비법은 오히려 과도한 복수로부터 사람을 지키기 위해

만든 법입니다. 동물들은 자신이 손해를 보면 상대방에게 더 큰 손해를 가하려고 합니다. 아직 원시생활을 하는 부족에서도 마찬가지입니다. 원시 부족에서는 사소한 일에도 보복으로 살인이 일어나는 경우가 많습니다. 그러던 것을 사회가 형성되고 문명화가 되면서 짐승 같은 방법에서 인간다운 방식으로 해결하고자 나온 것이 바로 동해보복입니다.

동해보복의 원칙은 '상대방이 내 팔을 부러뜨리면 똑같이 팔을 부러뜨려 복수를 해라'가 아니라 '똑같이 상대방 팔만 부러뜨리고 더 이상의 보복을 해서는 안 된다'입니다. 함무라비가 이 동해보복의 기준을 세움으로써 사적으로 제재를 가하는 사형私刑이 금지되었고, 국가는 법으로써 국민을 다스릴 수 있게 됩니다. 따라서 함무라비 법전이야말로 공권력의 시작이며, 형사법과 죄형법정주의(어떤 행위가 범죄로 처벌되기 위해서는 행위 이전에 미리 성문의 법률로 규정되어 있어야 한다는 원칙)의 기초라고 할 수 있습니다.

반대로 사적인 보복, 즉 사형이 가능한 세상은 공권력이 힘을 잃고 정의가 사라진 세상이라 할 수 있습니다.

사적인 보복을 뜻하는 사형은 영어로 린치(Lynch)라고 합니다. 미국 독립 전쟁 때 판사였던 찰스 린치의 이름에서 유래했는데 그는 반혁명 분자들을 즉결심판으로 처형했습니다. 하지만 정작 린치는 매우 공명정대한 판결을 내렸다고 합니다.

자기의 이름이 사형이라는 뜻으로 쓰인다는 것을 알면 무덤에서 벌떡 일어날지도 모르겠습니다.

긴급피난

1816년 7월 2일 프랑스에서 세네갈로 가던 프랑스 군함 메두사호가 아프리카 서안 브롱곶(지금의 모리셔스 중부 해안) 50㎞ 해상에서 암초에 걸려 난파합니다. 당시 선장은 쇼마레였는데 신출내기임에도 불구하고 왕당파 귀족이라는 배경에다가 정부에 뇌물을 사용해 선장이 된 사람입니다. 그는 정원 326명인 메두사호에 400명이 넘게 태우고서는 최대한 빠르게 도착할 욕심으로 정해진 해로를 무시하고 항해하다가 결국 배를 좌초시키고 맙니다.

쇼마레 선장은 귀족과 장교 등 '고귀한 신분' 240여 명을 구명정 6척에 먼저 태웁니다. 나머지 160여 명은 메두사호에서 나온 판자로 길이 20m, 폭 7m짜리 대형 뗏목을 급조해 몸을 싣습니다. 하지만 쇼마레 선장은 뗏목과 연결한 구명정의 속도가 나지 않자 줄을 끊어 버립니다.

뗏목 위는 서로 살아남기 위해 서로를 죽이는 아비규환이 벌어집니다. 나흘이 지나 67명만 남은 상황에서 굶주림과 갈증으로 인육을 먹고 피를 마시는 상황이 됩니다. 사고 보름 뒤 뗏목이 발견되었을 때는 15명만 살아있었고 그나마 5명은 발견 후 사망하여 결국 10명만 생존합니다. 그런데 인육을 먹고 살아난 뗏목의 생존자들은 어떤 처벌을 받게 될까요?

결과는 아무런 처벌도 받지 않았습니다. "자기 또는 타인의 법익에 대한 현재의 위난을 피하기 위한 행위는 상당한 이유가 있는 때에는 벌하지 아니한다"라는 긴급피난에 해당하기 때문입니다. 긴급피난의 개념은 상당히 오래되었습니다. 기원전 2세기경 고대 그리스의 철학자인 카르네아데스는 다음과 같은 예시를 들었습니다.

배가 암초에 걸려 난파하게 되었다. 카르네아데스는 판자를 붙잡고 겨우 바다 위에 떠 있을 수 있었다. 한 남자가 살기 위해 카르네아데스의 판자를 붙잡자 판자가 가라앉으려 한다. 카르네아데스는 그 남자를 판자에서 밀어낸다. 카르네아데스는 살고 그 남자는 물에 빠져 죽는다. 카르네아데스는 재판을 받지만 무죄판결을 받고 풀려난다.

하지만 긴급피난이 허용되지 않는 사람이 있습니다. '위난을 피하지 못할 책임이 있는 자'는 예외입니다. 선장은 좌초 중인 선박에서 자신을 제외한 모든 사람이 배에서 내린 후에야 탈출할 수 있습니다.

메두사호 사건으로 다시 돌아가겠습니다. 쇼마레 선장은 긴급피난이 허용되지 않는 사람이었기 때문에 150명의 죽음에 대한 재판을 받습니다. 그리고 3년 징역을 선고받습니다.

게임 금지법

세상에는 별별 황당한 법이 많이 있습니다. 그중에는 어느 정도 이해가 되는 법도 있지만 어떤 것은 시대에 너무 뒤떨어졌고, 어떤 것은 도대체 이해가 가지 않는 것도 있습니다.

태국에서는 화폐를 밟으면 안 됩니다. 화폐에는 왕의 초상이 있기에 불경죄가 됩니다. 같은 이유로 영국에서는 왕이 그려져 있는 우표를 뒤집어 붙이면 반역 행위입니다. 프랑스에서는 돼지 이름을 '나폴레옹'이라고 지을 수 없고 미국 일리노이주에서는 '링컨'이라는 이름을 애완동물에 붙이지 못하도록 법이 제정되어 있습니다. 이 정도는 이해가 갑니다.

싱가포르에서는 한 손으로 운전하는 것이 금지입니다. 안전을 위한 조치입니다. 또한 껌을 씹는 것도 금지입니다. 아무 데나 뱉어서 도시 미관을 해치기 때문입니다. 베니스 산마르코 광장에서 비둘기에게 먹이를 주는 것은 불법입니다. 아마도 비둘기 똥 때문인 듯합니다. 여기까지도 괜찮습니다. 그런데 다음의 법은 영 이상합니다.

그리스에선 2002년 전자게임 금지법을 시행했습니다. 사행성 게

임을 막겠다는 목적이었지만 국민들의 반발에 부딪혀 곧 폐지됩니다. 독일의 아우토반에서는 정차가 금지입니다. 그래서 기름이 떨어져서 멈추는 것도 불법입니다. 미국 텍사스주에서는 모든 범죄자는 범행 24시간 전에 대상자에게 통보해야 한다는 법이 있습니다. 아예 범죄를 저지르지 말라는 의미이겠지요. 위의 법들은 취지는 좋으나 현실을 무시한 법이라고 할 수 있습니다.

　그런가 하면 국가가 아주 편의적으로 만들었다 싶은 법도 있습니다. 영국에서는 의회에서 죽는 것이 금지입니다. 국회의사당도 왕궁의 일종으로 취급되어 국회의사당 내에 사망하면 국장을 치러야 하기 때문입니다. 중국의 '환생하기 전에는 국가에 허가가 필요'하다는 법은 순전히 티베트를 탄압하기 위해 만든 법입니다. 2021년에 폐지되기 전까지 우리나라의 12시 이후 청소년 게임 금지인 '셧다운제'도 외국에서는 황당한 법으로 자주 거론되었었다고 합니다.

소송과 재판

재판은 민사재판과 형사재판으로 나뉩니다.

민사재판은 소송으로부터 시작됩니다. 자신이 가진 권리가 침해받았다고 생각되면 법원에 구제해 달라고 요청하는 것을 소송이라고 합니다. 소송을 제기한 사람은 원고, 소송을 당한 사람은 피고라 합니다. 원고와 피고는 각각 판사 앞에서 자신의 입장을 전달합니다. 스스로 해도 되지만 대부분은 변호사를 선임합니다.

그러면 판사는 원고와 피고의 말을 듣고 구제방안을 판결 내리고 이를 알리게 되는데 이것이 선고입니다. 우리나라는 삼심제이기 때문에 판사의 선고가 마음에 들지 않으면 고등법원으로 상고할 수 있고, 고등법원의 선고가 마음에 들지 않으면 대법원에 상고할 수 있습니다.

형사 재판은 자수, 고소, 고발 혹은 수사기관의 직접 인지를 통한 범죄 사실 인지로부터 시작됩니다. 자수는 스스로 범죄 사실을 신고하는 것, 고소는 피해자가 가해자를 신고하는 것, 고발은 제삼자가 범죄사실을 신고하는 것입니다. 신고가 접수되면 수사기관이 내사하고,

범죄 혐의가 있으면 정식으로 수사를 합니다. 이를 입건이라 합니다.

수사 기관의 결과로 범죄가 강력히 의심되는 증거가 모이면, 검사가 이를 검토한 후 법원에 재판을 청구하는데, 이것을 기소라고 합니다. 형사 재판에서 원고는 검사, 피고는 피고인입니다. 검사는 피고인에게 어떤 형벌을 선고하여 달라고 판사에게 요구하는데, 이것이 구형입니다. 그러면 판사는 판결하고 이를 알리게 되는데 이것이 선고입니다. 이를 통해 검사보다는 판사가 우위에 있다는 것을 알 수 있습니다. 이는 영장에서도 잘 드러납니다.

대한민국에서는 영장주의에 따라 법원의 허가를 얻어야 영장을 발부받을 수 있습니다. 경찰이 어떤 사건에 대해 검찰에 영장을 신청하면 검찰은 법원에 영장을 청구합니다. 법원에서 영장을 발급해 주면 검찰은 이를 경찰에게 전달하는 것입니다.

미란다 원칙

미국 영화나 드라마를 보면 경찰이 범인을 잡으면 다음과 같은 조항을 줄줄 읊조립니다.

You have the right to remain silent. Anything you say can and will be used against you in a court of law. You have the right to speak to an attorney, and to have an attorney present during questioning. If you cannot afford an attorney, one will be appointed for you. Do you understand these rights?

우리말로 하자면 "당신은 묵비권을 행사할 수 있다. 당신이 한 발언은 법정에서 불리하게 사용될 수 있다. 당신은 변호인을 선임할 수 있고, 질문을 받을 때 변호인에게 대신 발언하게 할 수 있다. 만약 변호사를 쓸 돈이 없다면, 국선변호인이 선임될 것이다. 이 권리가 있음을 이해하였나?"입니다.

처음에 이 장면을 보았을 때는 '미국은 범인의 인권까지 옹호해 주는 참으로 친절한 나라'라는 생각을 했습니다. 하지만 실상은 조금 다릅니다.

형사소송법에는 '독수독과이론'이 있습니다. 수사기관에서 증거를 수집할 때 학대나 고문 등의 위법한 방법으로 단서를 찾아내었다면 이후 정당한 절차를 거쳐서 얻은 증거의 증거능력까지 모두 무효화시킨다는 개념입니다. 독수독과이론이라고 하는 이유는 "나무가 독이 있는 나무라면 그 나무에서 열린 열매도 독이 있다"라는 의미에서 붙여진 것입니다.

이는 범죄자의 인권을 옹호하려는 목적에서 만들어진 것입니다. 하지만 별을 몇 번씩 달게 된 범죄자들이 이 독수독과이론을 역이용하기 시작합니다.

1963년 8월 미국 애리조나주 피닉스에서 8달러를 강탈한 은행강도 혐의로 에르네스토 미란다가 붙잡힙니다. 그런데 취조 과정에서 18세 소녀를 강간했다고 자백합니다. 경찰은 당연히 강간죄까지 포함해서 미란다를 기소합니다.

그러나 미란다의 변호사는 진술 당시 변호사가 같이 입회하지 않았고, 미란다가 자기의 법적 권리를 충분히 고지받지 못하는 등 법적 권리가 보장되지 못하는 상황에서 진술서가 작성되었기 때문에 증거가 될 수 없다고 주장합니다. 이 사건은 대법원까지 올라갔고 1966년 미란다 측의 주장이 받아들여져 풀려나게 됩니다.

이에 보수파들은 진보파들 때문에 제대로 수사를 할 수 없게 되었다고 크게 반발하게 됩니다. 경찰은 미란다와 같은 사례를 미연에 방지하고자 제일 앞에 나와 있는 조항을 읽어주게 된 것입니다. 이 원칙은 사건의 당사자였던 미란다의 이름을 따서 '미란다 원칙'이라고 합니다.

그 때문에 미란다 원칙은 범인의 인권 옹호 때문이 아니라, 오히려 범인이 법망을 빠져나가는 것을 방지하기 위해 만들어진 것입니다. 미란다 원칙은 우리나라에서도 적용됩니다. 우리나라의 경찰들도 범인을 체포할 때 다음과 같이 미란다원칙을 고지합니다.

"귀하를 현 시각으로 ○○법 위반 혐의로 체포합니다. 당신은 변호인을 선임할 권리가 있으며 변명의 기회가 있고 체포구속적부심을 법원에 청구할 권리가 있습니다."

우리나라에서는 법원 판례상 체포 현장에서 미란다 원칙을 고지하지 않으면 불법체포가 됩니다.

한편 미란다는 어떻게 되었을까요? 대법원의 판결 이후 에르네스토 미란다는 목격자의 진술을 근거로 피닉스시 검찰에 의해 다시 기소되었고, 결국 징역 10년형을 선고받게 됩니다. 그 후 1972년 가석방으로 출소하고, 법원 앞에서 미란다 원칙이 쓰인 카드를 팔면서 살았다고 합니다.

그러던 중 1976년 술집에서 모레노라는 사람과 시비가 붙어 상대에게 목을 칼로 그이게 되고 병원으로 실려 가던 중 사망합니다. 한편 모레노는 미란다 원칙에 있던 묵비권을 행사함으로써 증거불충분으로 무죄 판결을 받았습니다.

법개념이라는 것은 시대에 따라 변합니다. 현재는 고문을 통해 얻어낸 증거는 법적으로 인정받지 못합니다. 하지만 고대 그리스에서는 고문을 통해 얻어낸 증거만 인정받았습니다.

우악

모르고 지은 죄와 알고 지은 죄 중에 무엇이 더 큰 죄일까요? 불경에서는 '모르고 지은 죄'가 더 중하다고 합니다. 왜냐하면 알고 지은 죄는 고칠 수 있지만, 모르고 지은 죄는 고칠 수가 없기 때문입니다. 그래서 무식한 것만큼 큰 죄가 없습니다. 잘못을 안다면 나무라고 타이르면 되지만, 자기가 무엇을 잘못했는지 모르면 나무라거나 타이를 수도 없습니다. 이렇게 모르고 짓는 죄를 우악愚惡이라고 합니다. 다음은 실제로 있었던 사례입니다.

한 사람이 자동차를 도난당했습니다. 자동차를 찾기 위해 이리저리 알아보며 고생하고 있는데 도둑놈으로부터 전화가 왔습니다. 그러고는 자기와 차가 있는 위치를 알려줍니다. 피해자는 경찰과 함께 현장으로 가서 차를 찾고 도둑놈을 잡았습니다. 그런데 왜 도둑놈이 피해자에게 전화했을까요?

도둑놈이 차를 타고 가다가 접촉 사고를 냈고 피해자가 합의를 요구합니다. 그러자 도둑놈이 "이 차는 내 차가 아니니 주인을 부르겠다"라며 주인에게 전화를 합니다. 그리고 말하기를 "당신 차가 사고를 냈으니 빨리 와서 처리하라"라고 했답니다.

저는 이 사례가 도저히 이해가 안 되어서 몇 번을 읽었지만 지금도 도둑놈의 사고방식을 이해할 수가 없습니다. 혹시 여러분은 이해하셨나요?

접촉 사고 이야기 하나만 더하겠습니다. 마태복음 22장 38절에 나온 '네 이웃을 네 몸과 같이 사랑하라'는 계명을 기독교인은 특히나 잘 지켜야 합니다. 왜 그래야 하는지 실제 사례를 들어 보이겠습니다.

일요일 아침 어느 대형교회 신도가 늦잠을 잤습니다. 허겁지겁 차를 타고 교회를 향해 달리는데 접촉 사고가 났습니다. 아무리 바빠도 한바탕 안 할 수가 없습니다. 당장에 내려서 누구 손가락이 더 긴지, 누구 목소리가 더 큰지 상대방과 비교하다가 다시 차에 탔습니다. 그런데 접촉 사고 났던 차가 따라오는 겁니다. 이 신도는 갑자기 머리카락이 쭈뼛 섭니다. 설마 교회까지 따라오겠냐고 생각했지만 결국 교회까지 따라오더랍니다.

마침내 교회 주차장에서 이 두 사람은 다시 내립니다. 둘 다 한 손에는 성경 책을 들고...

세상이라는 것이 참으로 좁아서 언제 어떻게 다시 만날지 모릅니다. 혹시 언짢은 일이 있더라도 이웃과는 화목하게 지내시기 바랍니다.

시체 장사

1827년 어느 날 에든버러의 한 여관에서 노인이 여관 주인에게 4파운드의 빚을 진 채로 사망합니다. 여관 주인이던 윌리엄 헤어는 에든버러 의대의 로버트 녹스 교수가 해부용 시신을 구한다는 소식을 듣고는 빚이라도 변제받기 위해 노인의 시체를 팝니다. 로버트 녹스 교수는 무려 7파운드나 주면서 시체를 더 구해달라고 부탁합니다. 시체가 돈이 된다는 것을 안 헤어는 윌리엄 버크를 끌어들여 시체 도굴 사업에 뛰어듭니다.

하지만 에든버러에 시체 도굴의 소문이 돌면서 유족들이 장례를 치른 후 무덤을 지키기 시작하자 신선한(?) 시체를 구할 수가 없게 됩니다. 보통 범죄자라면 이쯤에서 그만두었겠지만 비범한 범죄자였던 버크와 헤어는 발상을 전환합니다. 시체를 훔칠 수 없으면 시체를 만들면 된다고 생각한 그들은 연고가 없는 노숙자나 여행객 등을 질식사시킨 후 녹스 교수에게 넘깁니다.

이렇게 16명이나 살해한 그들의 범죄행각은 희생자 중 한 명인 매리 패터슨 때문에 들통납니다. 매리 패터슨과 알고 지내던 의과대 학생이 해부실습실에 놓인 그녀를 알아본 것입니다.

결국 버크와 헤어의 범죄 행각이 들통나 버크는 사형선고를 받습니다. 헤어는 버크의 살인을 증언하는 대가로 불기소되었습니다. 1829년 버크는 교수형을 당하고 그의 시신은 에든버러 의대에 해부용 시신으로 넘겨집니다. 에든버러 의대가 시신을 많이 팔아주었으니 최후에는 자신의 몸을 덤으로 얹어준 셈이네요. 버크의 시신은 알뜰하게 활용됩니다. 피부로는 명함 지갑을 만들었고 교재가 된 해골은 아직도 에든버러 의대에 남아있습니다.

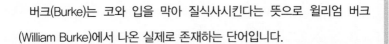

버크(Burke)는 코와 입을 막아 질식사시킨다는 뜻으로 윌리엄 버크(William Burke)에서 나온 실제로 존재하는 단어입니다.

해적을 대하는 법

바다 위에서 범죄를 일으키는 해적을 대하는 방식은 나라마다 다릅니다.

대한민국

아덴만 여명 작전으로 인질을 구출하고 해적을 소탕. 그리고 해적 5명은 아랍 에미리트 왕실 전용기 편으로 한국으로 압송. 추울까 봐 오리털 파카도 챙겨줌. 대한민국에 와서 외국인 교도소에 수감.

난생처음으로 하루 세 끼 식사와 침대에서 잠을 자는 호강을 누리고 있음. 해적 중 한 명인 압둘라 세룸은 "한국에서 계속 살고 싶다. 한국인으로 살 수 있도록 해 달라", "소말리아는 내전이 심하고 치안이 엉망인데 한국은 법질서가 잘 확립되어 있는 것 같다. 우리 같은 범죄자들에게도 안전을 챙겨주고 인권까지 배려해 주는 게 인상 깊다", "아프리카의 어지간한 호텔보다 한국 유치장이 낫다"라고 함.

미국

머스크호 사건을 해결하고 해적을 압송. 생존한 해적 압두왈리 무세는 USS 박서에 구금됐고 미국으로 압송되어 재판을 받음. 무세의 변호사는 무세가 청소년이란 점을 주장했지만 재판부는 무세가 청소년이 아닌 성인으로 보았고, 무세는 33년 9개월을 선고받음.

러시아

해적들 유조선 납치했다가 다음 날에 모조리 진압됨.(1명 사살, 10명 체포) 체포된 해적들은 법적 근거가 미약하다고 판단하고는 모두 석방.

석방 방법은 항법 장치도 없는 고무보트에 태워 소말리아에서 560킬로미터 떨어진 해상에서 풀어줌. 행방불명.

북한

해적들 대홍단호 침입. 북한의 선원들은 맨손으로 무장한 해적들을 기습 공격하여 총을 빼앗고 전원 체포. 도와주러 온 미국 전함에 인계.

모가디슈 인근 해상에서 2대의 쾌속정을 탄 10명 정도의 해적이 로켓탄과 기관총을 쏘며 습격. 이에 맞서 북한 화물선에선 화염병으로 응전 격퇴함.

수산나의 재판

형사소송의 대원칙은 "범죄사실의 인정은 감정이나 추측이 아닌 증거에 의해야 하고, 그것도 무죄의 가능성을 생각하기 어려울 정도의 엄격한 증명이 있어야 한다"라는 것으로, 이를 증거재판주의라고 합니다.

증거재판주의는 함무라비법전에도 등장할 정도로 오래되었지만 고대에는 권력자들에 의해 묵살되는 경우가 많았습니다. 성경 외경인 다니엘서 제13장에는 증거재판주의 때문에 누명을 벗은 수산나의 이야기가 있습니다.

수산나는 유대인 힐키아의 딸로 요아킴에게 시집을 갑니다. 그런데 요아킴의 집을 출입하던 사람 중 유대인 재판관 두 사람이 있었는데, 이들은 수산나의 미모에 반해 성폭행을 모의합니다. 어느 날 수산나가 정원에서 목욕할 때 두 인간은 성폭행을 시도하지만 실패하고 맙니다. 이에 앙심을 품은 그들은 수산나가 젊은 남자와 간통했다는 거짓말을 퍼트려 법정에 세웁니다. 상대는 재판관입니다. 이길 수가 없습니다. 수산나는 결국 간통죄로 사형 선고를 받습니다. 유태법에 따르면 간통한 여자는 돌로 쳐 죽입니다.

수산나가 형장으로 끌려가면서 하나님께 억울함을 호소하자, 하나님은 어린 다니엘을 보냅니다. 다니엘은 재판이 공정하지 못했으니 다시 재판해야 한다고 주장하였고, 그 요구가 받아들여져 다니엘이 다시 재판합니다.

다니엘은 수산나를 고발한 두 인간을 분리해 심문합니다. 각각의 인간에게 어디에서 간통 장면을 목격하였는지 묻습니다. 그러자 한 명은 아카시아 나무, 또 한 명은 떡갈나무에서 목격하였다고 진술합니다. 이를 근거로 두 인간이 수산나를 모함했다는 사실을 밝혀냅니다. 유태법은 무고를 한 사람에게는 무고당한 사람이 받을 형과 똑같은 형을 집행합니다. 즉, 두 인간은 돌에 맞아 죽습니다. 여러분은 이 이야기에서 어떤 감동을 얻으셨나요?

어떤 분에게는 '하나님의 정의로움' 일 것입니다.

어떤 분에게는 '다니엘의 현명함' 일 것입니다.

어떤 분에게는 '수산나의 믿음' 일 것입니다.

하지만 저는 '무고를 한 사람에게는 무고당한 사람이 받을 형과 똑같은 형을 집행하는 유태법'에 감명받았습니다.

프리네의 재판

　기원전 4세기 고대 그리스 아테네에는 '프리네'라는 '헤타이라'가
있었습니다.

　헤타이라는 지금으로 치면 연예인인데 어찌나 아름다웠던지 당대
최고의 조각가 프락시텔레스는 남자 누드 조각만 만든다는 당시의 관
행을 깨고 프리네를 모델로 그리스 최초의 여자 누드 조각상을 만들

었다고 합니다.

하지만 프리네의 아름다움이 화를 부르게 됩니다. 에우티아스라는 권력자가 그녀에게 청혼하지만 거절당합니다. 여기에 앙심을 품은 에우티아스는 그녀가 포세이돈 축제에서 열리는 '엘레우시스' 신비극에서 아프로디테 역할로 출연한 것을 빌미로 그녀에게 신성모독죄를 씌워 죽이려 합니다. 그 당시 신성모독죄는 무조건 사형이었습니다.

이때 히페리데스가 그녀를 변호합니다. 하지만 배심원으로부터 무죄를 이끌어내지 못한 그는 배심원 앞에서 프리네의 옷을 벗겨버립니다. 그러고는 "프락시텔레스도 인정한 완벽한 미인을 죽여야 하는가?"라며 변론합니다. 배심원들은 "신이 빚은 완벽한 미인에게 사람이 만들어 낸 법은 효력이 없다"라며 무죄를 선언합니다. 이는 그리스인들이 '美(미)는 善(선)'이라는 개념을 가지고 있었기 때문입니다.

현대의 법 개념에 비춰보면 참으로 해괴합니다. 하지만 위의 판결에서 한 가지는 납득이 갑니다. '법은 사람이 만들어 낸다'는 것이지요. 법이란 인간이 만드는 것이기에 잘못될 가능성이 항상 존재합니다. 몇백 년 후 미래인들이 보기에는 현재의 법도 프리네의 재판만큼이나 이상해 보일 수도 있습니다.

인간은 감정적인 동물이라 미녀가 폭행죄로 기소되면 판결이 상당히 너그러워진다고 합니다. 반대로 미녀가 사기죄로 기소되면 판결이 깐깐해집니다.

찰리 채플린의 재판

찰리 채플린은 코미디의 황제로 불리며 많은 사람에게 웃음을 주었습니다. 채플린의 영화를 보면 웃음뿐 아니라 아주 큰 감동도 받을 수 있습니다. 그러나 그의 일생은 웃음과는 거리가 멀었습니다. 유명인이기에 따라다니는 고통일까요? 하지만 다음의 사례는 정말 너무하다는 생각이 들 정도입니다.

찰리 채플린은 평생 숱한 여자와 만났고 자식도 엄청나게 많습니다. 하지만 그렇다고 자기 자식과 남의 자식을 구별 못 할 정도는 아닙니다. 1942년 채플린은 조앤 배리와 사귑니다. 그런데 배리가 정신병 증세를 보이자 헤어집니다. 이후 배리는 채플린의 아이를 낳았다며 소송을 제기합니다.

채플린은 자기 아이가 아니라는 것을 확신했기에 혈액형검사를 제안합니다. 검사 결과 채플린은 O형, 배리는 A형, 아이는 B형이었습니다. 그런데도 소송에서는 졌습니다.(???)

배리의 변호사는 혈액검사 결과를 법적 증거로 받아들일 수 없다고 주장하였고, 멍청한 배심원들이 그 말에 동의하는 바람에 법적 증거로 채택되지 않았습니다. 결국 정황상 채플린의 아이가 맞다고 판결이 나고 당시로서는 큰돈인 75달러를 매주 지급하라는 판결이 났습니다. 과학적 사실과 증거재판주의까지 무시해 버리는 놀라운 미국의 배심원 제도 덕분에 채플린은 남의 아기를 위해 매주 돈을 지불해야 했습니다. 무슨 이유인지는 몰라도 채플린이 배심원에게 미운 털이 박혔던 모양입니다.

인간이란 의외로 비이성적인 면이 있습니다. 누군가를 한 번 찍어 버리면 아무리 결정적 증거가 나와도 자기 생각을 바꾸지 않습니다. 오히려 증거가 잘못되었다고 생각합니다. 저 또한 예전에는 언론의 설레발만 믿고 비난하다가 실제로 뒤집힌 사례를 너무도 많이 경험했기에 여러분께 드리는 말씀입니다.

미래에는 A.I가 인간의 일을 대신하게 될 것입니다. 그러면 많은 직업이 사라지게 될 것입니다. 저는 가장 먼저 사라질 직업 중 하나가 판사가 아닐까 합니다.

판사란 법에 근거하여 공평하고 정확하게 판결해야 하지만 그렇지 못하는 경우가 너무나도 많기 때문입니다. 정권의 하수인이 되거나 아니면 사회적 편견에 사로잡혀 과학적인 증거마저도 무시해 버리는 경우가 많이 발생합니다.

외부의 압력이나 내부의 사적 이득에 초연한 판사도 물론 있을 것입니다. 하지만 이러한 판사들도 인간으로서의 약점을 가지고 있습니다.

모 국가에서는 공정성을 확보하기 위해 경력이 수십 년인 판사와 검사들로 가석방 위원회를 구성합니다. 그런데 가석방 위원회가 내린 가석방 결정을 조사해 보았더니 점심 식사 전에는 가석방 승인 비율이 10%, 식후에는 65%였다고 합니다. 혹시라도 재판받을 일이 있다면 반드시 점심 직후로 잡아야 할 것 같습니다.

악마의 변호사

연쇄살인마나 존속살해범이 재판을 하게 되면 이들의 변호를 자청하는 변호사가 있습니다. 그러면 언론에서는 이 사람들을 자신의 이름을 알리거나 돈을 바라고 변호를 해주는 악마의 변호사라며 격렬하게 비난합니다. 그렇기에 결국 사임하는 경우가 대부분입니다.

그런데 '악마의 변호사'라는 말은 이전부터 존재했습니다. 천주교에서 어떠한 인물을 성인聖人으로 추대할 때 반드시 악마의 변호사를 세웁니다. 악마의 변호사는 해당 인물의 행적과 품성, 그 인물이 일으킨 기적에 대해 회의적인 의견과 근거들을 제시합니다. 이러한 악마의 변호사에 대해 성인 추대자들이 성공적으로 반박해야만 해당 인물이 성인聖人이라는 칭호를 얻게 됩니다. 악마의 변호사는 꼭 성직자가 아니라도 가능합니다. 마더 테레사 수녀의 시복 때에는 무신론으로 유명한 크리스토퍼 히친스가 악마의 변호사 역할을 수행했습니다.

천주교가 이렇게까지 하는 이유는 오히려 이에 따라 성인의 자격을 완벽하게 검증하기 위함입니다. 위에 예로 든 히친스도 이 검증 시스템 자체를 호평했습니다.

악마의 변호사는 의미가 확장되어 논리학에서 논의의 활성화를 위해 고의로 반대 입장을 취하는 상황을 가리키기도 합니다. 실제 재판에서도 마찬가지입니다. 연쇄살인마나 존속살해범이라면 중대 범죄이기 때문에 더욱더 냉정하고 이성적으로 판단해야 합니다. 그 때문에 조선시대에는 사수삼복계법死囚三覆啓法이라는 제도가 있어 사형수는 세 번의 재판을 받아야 했습니다. 이는 대한민국도 마찬가지라 중대 범죄자들은 자신들이 원하지 않더라도 무조건 대법원까지 세 번 재판을 받게 되어있습니다.

악마의 변호사들이 이름을 알리려거나 돈을 바라고 변호할 수도 있습니다. 하지만 어느 변호사는 이렇게 말을 했습니다.

"적군이라도 부상을 입으면 의사는 치료를 해주어야 한다. 부상자를 치료해 주는 것은 의사의 사명이기 때문이다. 마찬가지로 아무리 흉악범이라도 변호를 해주어야 한다. 소송인을 변호해 주는 것은 변호사의 사명이기 때문이다."

곤장

고려와 조선시대의 형벌은 태, 장, 도, 유, 사의 오형五刑입니다.

태형은 오형 중에서 가장 가벼운 형으로 가는 회초리로 때리는 벌입니다.

장형은 태형보다는 중한 형벌로 굵은 회초리로 때리는 벌입니다.

도형은 강제 노역형으로 죄질에 따라 1년에서 3년까지 형을 삽니다.

유형은 도형보다 무거운 형벌로 귀양이라고도 합니다.

사형은 오형 중에 가장 무거운 형벌입니다. 사형에도 등급이 있어 그나마 죄가 가벼우면 목을 메다는 교絞, 죄가 무거우면 칼이나 도끼로 목을 베어 죽이는 참斬을 실시했습니다.

곤장은 '곤형棍刑'이라는 형벌에 사용되는 도구입니다. 곤형과 장형은 자주 혼동됩니다. 장형은 오형 중 2번째로, 죄인을 의자에 묶어놓고 회초리를 사용해 정강이를 치거나, 십자 모양의 형틀에 묶어 놓고 엉덩이를 치는 형벌입니다.

이에 반해 곤형은 오형과는 별개의 형으로 군대나 궁궐, 기관에 중

대한 범죄를 저지른 죄인을 대상으로 사용하였습니다. 이때 사용되는 곤은 크기에 따라 소곤小棍, 중곤中棍, 대곤大棍, 중곤重棍으로 분류합니다. 그리고 범죄자 중 악질은 도적을 다스린다는 뜻의 치도곤治盜棍을 사용하는데, 치도곤은 곤 중 가장 크고 무거우며 길이는 173cm, 너비는 16cm, 두께 1.2cm입니다. 치도곤에 맞으면 목숨을 보장할 수 없습니다. 춘향이가 맞은 것은 회초리를 사용해 정강이를 때리는 장이지 엎어놓고 때리는 곤이 아닙니다. 곤을 맞았다면 이몽룡 만나기도 전에 죽었을 것입니다.

그런데도 중범죄를 저지르는 인간들은 계속 발생하였으니 체벌은 범죄 감소에 별 효과가 없는지도 모르겠습니다.

하지만 요즘 범죄자들을 다루는 것을 보면 차라리 곤장을 치는 것이 낫겠다는 생각을 자주 하게 됩니다. 범죄자에게 곤장을 치는 장면을 전국에 생중계하면 적어도 속은 시원할 것 같습니다.

단두대

　단두대는 프랑스혁명 때 만들어진 처형 기구입니다. 처음에는 단두대를 만든 외과 의사 앙투안 루이의 이름을 따서 루이제트라고 했으나 후에 단두대로 사형을 시켜야 한다고 주장한 조제프-이냐스 기요탱 박사의 이름을 따서 기요틴이라고 부릅니다.

사형수의 고통을 줄여줄 가장 좋은 처형법은 교수형입니다. 그러나 서양 기독교 사회에서는 교수형은 아주 천한 처형법이고 참수형은 그나마 나은 처형법이라는 인식이 있었습니다. 왜냐하면 가롯 유다가 스스로 목메 죽었기 때문입니다. 그래서 망나니들이 목을 치는 참수형을 사용합니다.

동양에서는 오히려 身體髮膚受之父母不敢毁傷孝之始也(신체발부수지부모불감훼상효지시야)라 해서 신체를 온전히 보존하는 처형법을 사용하였기에 대역죄인일 경우는 목을 칩니다.

그런데 프랑스혁명으로 죽일 사람이 너무 많아지자 비숙련 망나니들이 목을 치게 되고 실수로 엉뚱한 곳을 친다든가 한 번에 자르지 못해서 고통을 주는 일이 발생합니다. 이 때문에 기요탱 박사가 단두대를 이용한 처형을 주장합니다. 아무튼 이 단두대로 인해 많은 사람이 고통이 적게 죽게 되었으니 기요탱박사는 참으로 훌륭한 인본주의자(?)입니다.

사지를 찢어 죽이는 무시무시한 거열형을 만든 상앙이 그 형벌에 의해 죽은 것처럼 기요탱박사가 단두대에 의해 목 잘려 죽었다는 얘기가 있지만 사실이 아닙니다. 단두대를 만든 루이도 단두대로 죽지 않았습니다. 이야기 만들기를 좋아하는 사람이 지어낸 이야기일 뿐입니다.

하지만 혁명 당시 쟈코뱅당을 이끌며 수많은 사람을 단두대로 보냈던 막시밀리앙 드 로베스피에르는 결국 단두대에서 생을 마감합니다.

법의학

법의학이란 억울하게 죽은 사람의 사인을 정확히 밝혀 실제 범죄자를 가려내는 학문입니다. 법의 공정한 집행을 위해 꼭 필요하지만 의과 계통에서는 최고의 기피직종이기도 합니다. 일도 많고 위험부담도 상당한데 수당이 적기 때문이지요.

다음과 같은 이야기가 있습니다. 항공사고로 많은 사람이 죽었습니다. 신원확인을 하고자 하나 시체가 타버리는 바람에 확인이 어렵습니다. 그래서 부검을 하게 되었는데 배 속에 태아가 있었습니다. 탑승 기록에 임산부는 한 명이었기에 바로 신원을 확인하여 유가족에게 알렸습니다. 그런데 유가족들이 노발대발하여 항의합니다. 왜 부검을 하여 사람을 두 번 죽이느냐는 것입니다.

사건, 사고로 사망했을 경우 정확한 사망원인을 알고자 부검을 실시합니다. 그런데 한국, 중국, 일본처럼 유교적 풍습이 강한 나라에선 이걸 '두 번 죽음'이라 해서 매우 싫어합니다. 실제로 시골에서 자살자를 부검하려던 의사를 자살자의 아버지가 자식을 두 번 죽인다고 분노해서 도끼로 내리쳤던 일도 있습니다. 다행히 도끼가 빗나가서 다치지는 않았지만, 산체로 부검 당할 뻔한 끔찍한 상황입니다. 위의 사건도 마찬가지 경우입니다.

하지만 위의 경우는 아주 쉽게 처리가 되었습니다. 심지어 유가족이 감사까지 했다고 합니다. 의사가 유가족에게 이렇게 말했습니다.

"부검하지 않아서 신원이 확인되지 않으면 한 명분의 보상금을 받지만, 부검해서 태아가 있다는 것이 확인되면 두 명분의 보상을 받습니다."

돈이 인생의 전부는 아닙니다. 하지만 중요하다는 건 확실합니다.

로미오와 줄리엣에서 줄리엣이 죽지 않고 살아났다면 법적으로는 어떤 처분이 내려질까요? 자살방조죄입니다.

그런데 이를 악용한 사람들이 있습니다. 남자가 실수로 애인을 죽이고는 동반자살인 것처럼 위장한 사례가 몇 건 있습니다. 물론 위장이 들통나서 살인죄로 선고받았습니다. 왜 위장이 들통났는지는 알고 있지만 알려드리지 않겠습니다. 법의학에서는 위장을 알아내는 다양한 판별법이 있습니다.

6장

인 권

프론티어쉽

《맹자》양혜왕 편에 나오는 내용입니다.

書曰湯一征自葛始 天下信之 東面而征西夷怨 南面而征北狄怨 曰奚爲後我
(서경에 말하기를 탕이 정벌하기를 갈부터 시작했는데, 천하가 그를
믿었다. 동쪽을 정벌하면 서쪽 오랑캐가 원망하고, 남쪽을 정벌하면
북쪽 오랑캐가 원망하며 말하기를 왜 우리를 뒤로 돌리느냐?)

알아듣기 쉽게 해석하자면 '탕'과 같은 이상적인 군주가 나타나면,
야만족들은 두 팔 벌려 환영한다는 얘기입니다. 맹자 또한 중화주의
에 완전히 절어있는 사람이네요.

그런데 맹자와 똑같은 생각을 하는 사람들이 2000년 후에도 있습
니다. 《정글북》의 저자인 러디어드 키플링은 1899년에 'The White
Man's Burden(백인의 짐)'이라는 시를 짓습니다. 내용은 '야만적인
흑인종과 황인종을 개화시키는 것은 힘들고 고되지만, 백인들에게 주
어진 고귀한 의무이기 때문에 열심히 노력해야 한다'는 것입니다. 이

시를 짓게 된 동기는 1899년 2월 스페인을 대신해서 미국이 필리핀을 지배하게 되자 이를 지지하며 지은 것입니다.

'황인종'인 저로서는 참 기가 막혀 말이 안 나오는 주장입니다. 문제는 이런 생각을 가진 백인이 상당수였다는 점입니다. 아예 미국이라는 나라를 세운 백인들은 이러한 사상을 국가 이념이나 정책의 기본 방침인 '국시'로 삼습니다. 미개척지를 계속해서 개척하면서 백인들이 살 땅의 경계Frontier를 넓히는 것이 자신들의 사명이라고 생각합니다. 이를 프론티어쉽이라고 합니다.

그런데 미국 땅에 미개척지가 있었나요? 당연히 원주민들이 살고 있는 땅입니다. 그러나 원주민들은 미개한 것들이라면서 아예 인간으로 취급하지도 않았지요. 그렇게 땅을 빼앗고 원주민들을 학살하면서 국가를 형성합니다. 이러한 약탈과 살육행위를 '프론티어쉽'이라면서 자랑스럽게 떠벌리고 있습니다. 그리고 이러한 사상은 맹자가 가진 중화사상과 아주 판박이로 닮았습니다.

이러한 이기적인 사상은 그 뿌리도 상당히 오래되었습니다. 콜럼버스가 아메리카 대륙을 발견한 이후, 스페인인들은 아메리카 대륙을 식민지로 만들면서 수많은 원주민을 학살하고 노예로 삼았습니다. 이에 카를로스 1세는 아메리카 대륙 원주민들의 지위와 권리에 대한 확실한 판단을 위해 위원회를 구성하고 1550년 바야돌리드에서 회의를 개최합니다. 이를 '바야돌리드 논쟁'이라 합니다.

여기서 세풀베다는 '원주민들은 이성이 없기 때문에 학살하고 노예 삼아도 문제가 없다'고 주장합니다. 반면, 도미니코회 수사인 바르톨로

메 데 라스 카사스는 '원주민에게도 이성이 있으니, 설득과 교육으로 교화시켜야 한다'고 주장합니다. 카사스가 조금 낫기는 하지만 단지 오십보백보입니다. 세풀베다는 '원주민=짐승'이라는 주장이고, 카사스는 '원주민=야만인'이라는 주장이지요. 어쨌거나 카사스의 주장이 받아들여져서 아메리카 원주민들을 노예로 끌고 오지 못하게 됩니다. 그러자 이번에는 원주민이 아닌 흑인을 강제로 끌고 와 노예로 삼습니다.

흑인의 인권에 대한 이야기도 있습니다. 노예선이 흑인 노예를 잔뜩 싣고 오다가 폭풍우를 만납니다. 그러자 배의 무게를 줄이기 위해 흑인들을 바다에 던져버립니다. 그리고 보험회사에 화물 손해 보상금을 청구합니다. 그런데 보험회사에서 '흑인'은 화물이 아니라 인간이니 보상금을 줄 수 없다고 버팁니다. 물론 보험회사가 '휴머니즘'을 가지고 있어서가 아닙니다. 보험금을 주지 않으려고 하는 소리이지요.

비행기 안에서 어떤 백인이 자기 자리에 도착하자마자 불쾌한 표정으로 승무원을 부릅니다. 승무원이 와서 무슨 일이냐고 묻자, 백인은 흑인이 옆자리에 앉았으니 다른 자리를 달라고 요구합니다. 승무원은 자리를 바꿀 수 없다고 했으나 백인은 막무가내였습니다. 그러자 승무원은 기장과 상의해 보겠다고 하고 자리를 떴습니다. 몇 분 후 돌아온 승무원이 말합니다.

"손님, 기장의 지시로 지금과 같이 불쾌한 자리에 손님이 앉도록 할 수 없다고 판단하여 일등석으로 자리를 옮겨 드리겠습니다."

그리고 스튜어디스는 흑인을 보며 이야기합니다.

"손님, 짐 챙기셔서 일등석으로 이동해 주세요."

게토

제2차 세계 대전 당시 나치 독일은 유대인을 일정 구역에 몰아넣고는 함께 살도록 했습니다. 이를 게토라고 합니다. 게토는 나치가 처음 만든 것이 아닙니다.

11세기말에는 십자군의 영향으로 신성로마제국 곳곳에서 유대인 학살이 일어났습니다. 하인리히 4세는 유대인 보호 칙령을 내리지만 잘 지켜지지 않습니다. 그러자 12세기 슈파이어의 주교가 유대인 주거지에 성벽을 두르고 자치권을 주어 학살로부터 보호하려 했습니다. 이것이 게토이고 당시에는 유대인들을 보호하는 것이 목적이었습니다. (게토라는 이름은 1516년경 베네치아에서 만들어집니다.)

하지만 유대인의 생존권만 보호하고 인권은 보호하지 않았습니다. 유대인들은 시민권을 받지 못했습니다. 그리고 게토를 나갈 때는 노란색 옷, 챙 달린 뾰족 모자와 유대인 마크를 달아야 했습니다. 해가 진 후에는 게토 밖으로 나가는 것이 완전히 금지되고 기독교인들이 보초를 서서 게토를 감시했습니다. 후에 인권 의식이 발달한 덕분인지 게토는 19세기부터 점점 없어지더니 1870년 로마를 마지막으로 사라집니다.

이것을 제2차 세계 대전 당시 나치 독일이 부활시킨 것입니다. 나치가 부활시킨 게토는 인권은 고사하고 생존권마저 보장하지 않았습니다. 좁은 구역에 많은 사람을 수용하여 인구 밀도가 높고 비위생적이었습니다. 그 때문에 게토에서 굶어 죽거나 병들어 죽는 사람이 부지기수였습니다. 만약 여기에서 살아난다고 하더라도 대부분이 아우슈비츠 등의 수용소로 끌려가서 학살당했습니다. 다행히 나치가 패망하면서 홀로코스트는 끝이 나고 게토는 또다시 사라집니다.

유대인들은 인종차별을 극심하게 당했습니다. 그런데 지금의 이스라엘은 세계에서 가장 극심하게 인종차별을 하는 민족입니다. 각국의 관광지에서 이스라엘인들의 악명은 매우 자자합니다. 인간이란 자기가 괴롭힘당하면, 아무런 관련 없는 사람에게라도 반드시 보복하려는 본능이 있는 것 같습니다.

터스키기 매독 생체실험 사건

　제2차 세계대전 당시 비인간적인 일들이 많이 일어났습니다. 하지만 그중에서도 가장 악랄한 것을 꼽으라면 일본의 731부대와 나치의 생체실험을 꼽겠습니다. 자세한 내막은 너무나 끔찍하여 생략합니다.

　그런데 전쟁 중도 아닌 평시에, 적군도 아닌 자기 나라 국민에게 생체실험을 한 나라가 있습니다. 바로 미국입니다.

　1932년 미국 공중보건국에서는 매독을 치료하지 않으면 사람들에게 어떤 영향을 주는지에 대한 연구를 진행했습니다. 그리고 생체실험 대상으로 터스키기의 흑인들을 선택합니다. 이유는 흑인들이 매독에 많이 걸리기 때문에 대상자를 찾기가 쉬웠고, 힘없고 가난한 흑인들이라 나중에 문제를 일으킬 소지가 적다고 생각했기 때문입니다.

　정부에서 파견된 의사들은 매독에 걸린 흑인들에게 치료하는 척하면서 뇌척수액을 뽑아 검사만 하고 방치합니다. 그리고 치료를 받는 것처럼 속이기 위해 아스피린과 철분제를 약이라고 나눠줍니다. 더

욱더 끔찍한 것은 정부가 제대로 된 실험 결과를 얻기 위해 이들의 매독 치료 자체를 원천적으로 봉쇄한 것입니다. 정부는 생체실험에 참여한 흑인들이 병원에 올 때 그냥 돌려보내라는 공문을 터스키기 지역 의사들과 보건소에 보냈습니다.

게다가 1943년 매독을 치료할 수 있는 페니실린이 나왔음에도 실험은 1973년까지 계속되었습니다. 실험이 중단된 후 미국 상원에서 열린 청문회에서 생체실험에 참여했던 의사들은 다음과 같은 말을 합니다.

"그 검둥이들은 어차피 가난해서 치료도 못 받고 죽을 것들인데 우리 덕분에 의학 발전에 기여하고 죽은 것 아니냐?"

터스키기 매독 생체실험 사건의 주동자는 공중보건국의 수장인 존 커틀러라는 의사입니다. 존 커틀러는 터스키기에서의 실험으로도 모자라 과테말라로 가서 교도소의 죄수들에게 생체실험을 합니다. 그 결과 페니실린을 이용한 매독 치료제를 개발하는 데 성공하였고, 매독을 퇴치하는 데 공헌합니다.

그린북

1863년 1월 1일 링컨은 노예 해방 선언을 합니다. 남부 여러 주의 노예를 즉시 전면적으로 해방한다는 내용으로 1865년에 미국 헌법 수정 제13조가 최종적으로 확인 및 동의함으로써 실현됩니다.

하지만 이 선언은 남부의 군사 및 경제적 기초를 파괴하기 위한 전략적 조치였다는 얘기가 있습니다. 실제로도 남북전쟁을 거친 후에도 미국 남부 지역에는 흑인에 대한 차별이 그대로 남아있었습니다. 1876년부터 1965년까지 시행되었던 미국 남부의 주법인 '짐크로 법'은 공립학교, 공공장소, 대중교통, 군대에서 흑인을 분리하고 화장실, 식당, 식수대도 따로 쓰도록 명시했습니다. 북부에서 온 흑인이 멋모르고 '백인 전용White Only' 시설물을 이용하다가 백인들에게 집단 구타를 당하는 일도 허다했습니다.

냇 킹 콜이나 돈 셜리 같은 저명한 음악가라도 예외가 없습니다. 그래서 북부의 흑인들은 남부를 여행할 때《그린 북Green Book》을 가지고 다녔습니다. 정식 명칭은 더 니그로 모토리스트 그린북The Negro

Motorist Green Book입니다. 뉴욕의 흑인 우체부였던 빅터 휴고 그린이 1936년부터 1966년까지 매년 발행하던 책으로 흑인 운전자들이 이용할 수 있는 시설을 정리한 안내서입니다.

그런데 흑인이지만 인종 차별을 당하지 않은 미국인이 있습니다. 연방 상원의원이었던 H.L 도스는 오클라호마 준주와 원주민 준주를 하나의 주로 합쳐 연방에 가입하려는 계획을 세웠고, 그 과정에서 원주민 부족 공유 토지를 원주민 개인에게 나누어주는 '도스법The Dawes Act'을 제정합니다.

이때 원주민인 크리크 족의 일을 도우며 살던 가난한 흑인 렉터도 원주민에 준해 비어있는 땅을 받습니다. 하지만 렉터가 받은 땅은 당시 시가 556달러밖에 되지 않으면서 연간 30달러 토지 재산세를 내야 하는 불모지인 데다가, 법에 묶여 팔지도 못하는 애물단지였습니다. 렉터는 재산세라도 내고자 1911년 석유회사에 땅을 임대합니다.

그런데 이 땅에서 유전이 터지면서 렉터는 매일 약 300달러를 벌어들이게 됩니다. 렉터의 땅을 물려받은 사라 렉터는 당대 최초이자 최고의 흑인 갑부가 되었으며, 오클라호마에서는 사라를 피부만 검은 백인으로 간주하는 법을 통과시킵니다.

자본주의에서는 인종보다 자본(돈)으로 인한 차별이 생깁니다.

이오지마

이오지마섬의 다른 이름인 유황도는 활화산이 있어서 섬 전체에 유황 냄새가 풍긴다고 붙은 이름입니다. 그리고 2차 대전 때는 이오지마 전투 이후에 지옥으로 변한 섬입니다.

미군은 사이판 점령 이후 일본 본토를 폭격하고자 합니다. 그러자 일본 해군은 이오지마에 비행장과 레이더 기지를 건설합니다. 이오지마 기지는 지리적으로 일본 본토 바로 앞의 전진 기지인 데다가, 본토 폭격을 위해 날아가는 B-29 폭격기를 요격할 수도 있고, 본토에 경보를 보낼 수도 있는 최고의 요충지입니다. 반면에 미군에게는 본토 폭격을 마치고 귀환하는 B-29 폭격기들이 쉴 수 있는 장소이기 때문에 반드시 접수해야 하는 상황입니다.

그래서 일본에서는 쿠리바야시 타다미치를 사령관으로 2만 2,060명의 일본군을 투입합니다. 쿠리바야시는 전쟁 말기 누가 더 멍청한지 대결하던 일본군 사령관 중에 제정신을 가지고 있던 몇 안 되는 사람 중 한 명입니다. 그는 이미 전세를 뒤집기는 늦었다고 예상합니다. 하지만 명령받은 이상, 최후까지 미군을 저지하다가 죽기로 결심합니다. 섬에다가 땅굴로 연결된 방어망을 구축하고는 최대한 오래 살아남아서 저항하도록 명령합니다. 반면에 미군은 대충 준비하고 전투에 임합니다.

미군은 11만 명의 군인과 함선 5백여 척을 투입합니다. 그러나 5배가 넘는 병력과 압도적인 화력으로 쉽게 끝날 줄 알았던 전투는 일본군의 발악으로 한 달이 넘게 걸립니다. 미군 측은 전사 6,821명 부상 1만 9,189명의 손실을 봅니다. 독이 오를 대로 오른 미군 측은 화염방사기를 동원해 동굴을 통째로 태워버리고, TNT로 동굴 내부를 폭파하거나, 불도저로 동굴을 메워 버립니다. 결국 일본군은 포로 216명만 남고 전원 사망 및 실종하며 패배합니다. 미군에게는 상처뿐인 영광이지요. 그리고 그 유명한 사진을 찍습니다.

그런데 위의 사진에 찍힌 해병 대원들(6명 중 3명은 전사)은 선전에 동원되어 영웅 대접을 받지만 전쟁이 끝나자마자 버려지게 됩니다. 게다가 이 중 아메리카 원주민 출신인 아이라 헤이즈는 대단히 비극적인 결말을 맞이합니다. 헤이즈는 스리바치산 정상에 성조기를 꽂았던 전투에 참가하지 않았습니다. 실제로 전투에 참가한 사람들이 찍은 사진은 아래 사진입니다.

그런데 성조기가 너무 작다고 생각한 존슨 중령은 더 큰 성조기로 바꿔 달도록 명령합니다. 그래서 그 자리에 있던 로젠탈이 사진을 찍었고, 헤이달은 당시 우연히 그 현장에 있었을 뿐입니다.

그런데 아메리카 원주민인 그가 해병대의 군복을 입고 백인들과 나란히 일본군과 싸웠다는 사실은 정부로서는 이용하기 좋은 사실이었습니다. 그렇게 헤이달은 정부 홍보용으로 만들어진 영웅입니다. 의도하지 않게 거짓말쟁이가 된 헤이달은 그 괴로움 때문에 술을 마시게 됩니다. 바깥에서는 원주민이라는 이유로 여전히 인종차별을 당했고, 이오지마 전투에 참가했던 한 해병 대원으로부터 폭행과 거짓말쟁이라는 모욕까지 당합니다. 결국 그는 33세에 알코올 중독으로 객사합니다.

도대체 누구를 위한 전쟁이며, 승자는 누구이고 패자는 누구인지 모르겠네요.

백정

여진족의 금나라에 의해 거란족의 요나라가 멸망한 후 일부 거란 인들이 만주에 대요수국을 세웁니다. 하지만 이마저도 몽골족에게 패배하면서 남쪽으로 도망을 칩니다. 이렇게 도망친 거란 유민 8만 명은 강동성을 차지하고 막아 지켰지만 고려-몽골 연합군에 의해 패배합니다. 그러면 이때 포로로 잡힌 8만 명의 거란 유민들은 어찌 되었을까요?

칭기즈칸처럼 멸살하지는 않았지만 고려와 여러 차례 싸웠던 적국의 유민에게 좋은 대접을 해주지도 않았습니다. 그러다 보니 자기들끼리 모여서 마을을 만들어 살거나 유랑하게 됩니다. 그리고 고려인들이 꺼리는 일을 하며 먹고살게 됩니다. 그러한 일들이 도살업, 갖바치, 버들고리 만들기, 광대 등의 일입니다. 사냥과 축산, 도축, 갖바치는 유목민 출신이기에 농경민들보다 당연히 잘할 수 있고, 버들고리 또한 항상 이동해야 하는 유목민의 특성상 만드는 기술을 가지게 된 것입니다.

이 사람들은 양수척(나중에는 화척, 재인)이라고 불리며 사회의 가장 낮은 계급을 형성합니다. 조선시대 세종대왕은 이들을 백정白丁에 편입시킵니다. 백정이란 고려 때 양민을 뜻하는 말입니다.

사실 조선이 딱히 인권 존중 사상을 가지고 있어서 양수척들을 백정으로 만든 것은 아닙니다. 백정은 세금을 내지만 양수청은 세금을 내지 않습니다. 양수청을 백정에 편입시키면 그만큼 세수가 올라가기 때문에 편입시킨 것입니다. 하지만 기존의 백정들은 이들을 신백정新白丁이라고 부르며 차별합니다. 그리고 자신들을 신백정과 구별하기 위해 백성이나 양민, 평민으로 부르게 됩니다.

세종의 아들인 세조 때 어전에서 안효례와 최효원이 말다툼을 하다가 서로 '백정의 새끼'라고 했다는 기록이 나옵니다. 불과 한세대도 못되어 백정이라는 단어가 천민을 가리키는 단어가 되어버린 것입니다. 이러한 차별은 일제강점기까지도 이어집니다. 이 때문에 백정의 차별을 없애자는 형평운동이 일어나기도 합니다. 결국 한국전쟁으로 사회가 완전히 박살 나고서야 백정은 사라집니다.

백정은 도살업자라는 관념이 뿌리 박혀 있다 보니, 소설이나 영화, 드라마에서 임꺽정은 항상 우락부락한 도살꾼으로 나옵니다. 하지만 임꺽정은 버드나무 가지로 고리를 만들던 고리백정입니다. 산적 두목의 전 직업이 도살꾼이 아니라 수공업자라고 하면 어울리지 않으니 일부러 도살꾼으로 한 것인지도 모르겠습니다.

부르주아와 프롤레타리아

부르주아는 프랑스어 Bourgeois에서 온 말입니다. Bourgeois는 형용사이므로 명사인 부르주아지Bourgeoisie라고 해야 맞는 표현입니다. 부르주아의 의미는 성bourg에 사는 사람들을 의미합니다.

서양에서 성은 도시이자 중심지였습니다. 그래서 도시 이름에 성burg이 들어갑니다. 예를 들어, 독일의 함부르크Hamburg, 오스트리아의 잘츠부르크Salzburg, 러시아의 상트페테르부르크Санкт-Петербург가 이런 경우입니다. 그리고 성안에는 아무나 살 수가 없었습니다. 힘 있고 돈 있는 사람만 살 수 있었습니다. 현대의 중국 북경이나 북한의 평양을 생각하면 딱 맞습니다.

부르주아지들은 봉건적 사회경제체제를 뒤집어엎고 자본주의적 사회경제체제를 세우게 됩니다. 그래서 자본주의에서 부르주아는 결코 나쁜 뜻이 아닙니다. 오히려 자본주의 사회에서 추구하는 인간상이라고 할 수 있습니다.

하지만 부르주아가 귀족을 타도하고 나서는 자신들이 귀족 행세를 하기 시작합니다. 그러고는 자신보다 낮은 계급을 억압합니다. 이러한 자본주의의 병폐를 지적한 마르크스가 부르주아보다 낮은 무산계급을 지칭한 말이 '프롤레타리아'입니다. 이 말의 유래는 '가진 것은 자식뿐'이라는 의미의 라틴어 proletarius입니다. 여기서 프랑스어 prolétaire가 나왔고, 집합적 의미가 있는 접미사 −at을 더해 집단을 뜻하는 단어인 prolétariat가 됩니다.

마르크스는 1844년 경제학 철학 초고에서 독일어 proletariat를 사용했고 이 단어가 현재까지 사용되고 있습니다. 그러면 정확하게는 '프롤레타리아트'가 맞습니다. 마르크스는 '부르주아 혁명'처럼 언젠가는 '프롤레타리아 혁명'이 일어나 자본주의가 공산주의로 발전하겠다고 생각했습니다.

하지만 현실은 '프롤레타리아 독재'라는 명분 아래 공산당이라는 또 다른 귀족 집단만 만들어버렸습니다. 북쪽 어느 나라는 귀족 위에 왕까지 만들었지요. 이상은 좋았으나 현실은 시궁창이네요.

엿 먹이다

'엿 먹어라あめをしゃぶる'는 일본에서는 사탕발림을 하다는 뜻으로 쓰입니다. 하지만 우리나라에서는 영 좋지 않은 뜻으로 쓰입니다. 1920년대의 소설에도 나오는 것을 보면 제법 오래된 말인데, 이 말이 어디에서 유래했는지는 알 수 없습니다. 1964년에는 정말 '엿 먹이는' 사건이 있었습니다.

당시는 국민학교에서 중학교로 올라갈 때 시험을 치렀습니다. 명문 중학교로 가기 위해 죽어라 공부하던 시절입니다. 사건은 65학년도 서울특별시 전기 중학 고사에서 터졌습니다. 당시 자연 18번 문제입니다. (번호도 참….)

다음은 엿을 만드는 순서를 차례로 적어 놓은 것이다.

1. 찹쌀 1kg 가량을 물에 담갔다가,
2. 이것을 쪄서 밥을 만든다.
3. 이 밥을 물 3L와 엿기름 160g을 넣고 잘 섞은 다음에 60도의 온도로 3~6시간 둔다.

4. 이것을 엉성한 삼베 주머니로 짠다.

5. 짜 낸 국물을 졸인다.

문제. 위 3과 같은 일에서 엿기름 대신 넣어도 좋은 것은 무엇인가?

객관식이었으며 정답은 '디아스타아제'였습니다. 그런데 하필이면 보기에 무즙이 들어있었습니다. 무즙에도 디아스타아제가 들어 있기 때문에 엿기름 대신 쓸 수 있습니다. (엄밀히 따지면 무즙이 정답입니다. 설마 디아스타아제를 추출해서 사용하는 집은 없을 테니까요.)

문제 하나로 당락이 결정되는 마당에 이런 일이 터졌으니 서울교육청으로 엄청난 항의가 들어옵니다. 열혈 학부모들은 진짜 무즙으로 엿을 만들어 고물까지 묻혀와서 장학사나 장학관에게 들이밀면서 말 그대로 '엿 먹어라'라고 했습니다. 결국 재판까지 가서는 학부형 42명이 제기한 '입학시험 불합격 처분 취소 청구 소송'에서 '해당 중학교가 내린 입학시험 불합격 처분을 취소하고 합격자임을 확인한다'라는 선고를 받습니다.

양키와 레드넥

    미국인들을 비하하는 호칭인 양키Yankee는 원래 영국인들이 미국 북동쪽에 사는 네덜란드계 이민자를 비하하던 호칭입니다. 네덜란드에서 제일 흔한 이름인 '얀 카스Jan Kass'가 영어로 Yan kass가 되고 이것이 다시 양키가 된 것입니다. 후에 네덜란드 식민지들이 영국 식민지가 되면서 이번에는 북아메리카 대륙에 사는 영국계 이민자를 가리키던 말로 변합니다. 그런데 외국에서는 미국인을 비하하는 표현이지만, 미국에서는 '북부 미국인'들을 비하하는 표현입니다. 재미있게도 이 말을 팀 이름으로 삼은 야구팀도 있습니다.

몇십 년 전만 해도 코리아Korea라는 나라를 미국인들이 잘 알지 못했습니다. 그래서 한 번은 미국에 유학 가서 아르바이트하는 학생에게 누군가가 이렇게 질문을 하더랍니다.

"Where are you from? Chinese? Japanes? What kind of nese are you?"
(너 어디서 왔니? 중국? 일본? 너는 어떤 nese냐?)
기분이 나빠진 그 학생이 이렇게 되물었답니다.
"What kind of key are you? A donkey, monkey or Yankee?"
(너는 어떤 key냐? 당나귀? 원숭이? 양키?)

북부 지역인들을 비하하는 표현이 양키라면 남부인들을 비하하는 표현은 레드넥Redneck입니다. 육체노동이나 농사일을 하면 햇볕에 목Neck이 빨갛게Red 익게 되는데, 이 때문에 레드넥이라고 부릅니다.

대체로 알려진 이미지는 흑인 노예제 폐지를 반대하던 남부 지방이라 현재도 인종차별적인 언행을 하며, 종교는 기독교 근본주의이고, 인적 드문 시골에 살다 보니 총기류를 일상적으로 다루며, 지역 토박이로 외부인에 대해 배타적이고, 제대로 교육을 못 받아서 무식한 사람입니다. 미국 남부 지방 사람을 비하하는 표현이라 쓰면 안 됩니다. 북부지방에서 '양키'라는 말을 쓰면 소송당하듯이, 남부 지방에서 '레드넥'이라고 했다가는 총에 맞습니다.

노인직

옛말 중에 "상놈은 나이가 벼슬이다"라는 말이 있습니다. 노인들이 대접받고 싶어서 만든 말 같습니다만 사실은 법적으로 규정되어 있습니다. 세조 때부터 만들기 시작해서 성종 16년(1485년)에 반포된 조선의 기본 법전인 경국대전에 다음과 같은 항목이 있습니다.

老人職 年八十以上勿論良賤除一階元有階者又加一階堂上官有旨乃授
(나이가 팔십 세 이상이면 양민 천인을 막론하고 벼슬을 주고, 원래 벼슬이 있는 자는 일계를 더 올려 주고, 당상관은 임금의 명에 따라 올려 준다.)

즉 천민이더라도 80세가 넘으면 노인직老人職을 받습니다. 말로만 그런 것이 아니라 매년 찾아가면서 벼슬을 주었습니다. 팔십 넘은 노인이 많다는 것은 그만큼 복지가 잘 되었다는 증거이기도 하니, 국가에서 홍보를 위해서 벼슬을 주었습니다.

그런데 말입니다. 양반들도 80세까지 사는 건 아주 드문 일입니다.

지금이야 의학 기술의 발달로 80세가 그리 드문 일이 아니지만, 조선시대 평균수명은 35세밖에 되지 않았습니다. 양인이나 천민이 80까지 살아있는 것 자체가 극히 어려웠습니다. 그러니 실제로 나이로 벼슬 행사하기는 거의 로또 당첨이나 마찬가지입니다.

그런데 현대사회에서 아직도 이런 말을 쓰는 사람이 있습니다. 벼슬도 없는 것이 벼슬아치 흉내를 내는 것 같아 상당히 거북합니다. 이 말 쓰는 사람들은 과연 존경받고 대접받을 만한 일을 했을까요? 갑자기 케네디의 말이 생각납니다.

Ask not what your country can do for you, ask what you can do for your country.
(국가가 당신들을 위해 무엇을 할 수 있는지 묻지 말고, 당신이 국가를 위해 무엇을 할 수 있는지 질문하라.)

어느 교사가 병원에 갔습니다. 나이가 지긋한 의사에게 진찰받는데 낯이 익었습니다. 서로 몇 마디 주고받다가 그 의사가 자기 고등학교 동창이란 것을 알게 되었습니다. 자신보다 너무 늙어 보이니까 알아차리지 못한 것이지요. 깜짝 놀란 이 교사는 의사에게 "너와 나는 같은 고등학교에 있었다"라고 말을 합니다. 그러자 잠깐 교사를 쳐다보던 의사가 말합니다. "실례지만 어느 과목 선생님이셨나요?"

피터팬 신드롬

인간은 대체로 중학교 들어갈 나이 때쯤이면 어른이 될 수 있습니다. 우리나라 역사에 이미 그런 예가 있습니다. 세조의 아들인 예종은 11살 때 혼인했고, 12살에 아들을 낳습니다. 이때 마누라 나이는 17살. (초등학생이 고등학생 누나와 결혼을 했네요.)

그리고 이러한 예가 특수한 경우도 아닙니다. 성춘향과 이몽룡이 한창 불장난할 적 나이가 17살, 16살입니다. 서양도 마찬가지라서 로미오와 줄리엣에 나오는 줄리엣은 13살입니다. 심지어 줄리엣 엄마는 13살에 줄리엣을 낳았습니다.

그러던 것이 현재는 어른이 되는 나이가 점점 올라갑니다. 즉 부모가 아이를 돌보는 시간이 점점 늘어나고 있습니다. 인간은 개체발생이 정지했다가 성숙하여 번식하는 네오테니 현상 때문에 다른 동물들보다 양육 기간이 굉장히 깁니다. 그런데도 문명이 발달하면서 사회적인 양육 기간이 점점 더 길어지고 있습니다. 이제는 학교가 사회적 양육을 떠맡고 있습니다. 제가 학교 다니기 싫어하는 아이들에게 하는 말이 있습니다.

"느그들 학교 안 나가면 당장 밖에 나가서 돈 벌어 와야 한다. 학교 다니기 때문에 그런 고생을 하지 않는 것이다."

이미 한국인의 초혼 나이는 남자는 32.6 여자는 30입니다. 70년대 라면 전부 노총각 노처녀가 아니라 나이로 인해 결혼을 포기할 수준입니다. 이러다가는 50 먹은 어른아이를 100살 된 부모가 양육하는 시대가 오는 것이 아닌지 모르겠습니다. 아니 이미 시작된 것 같습니다.

성인이 되어서도 어린 아이처럼 타인에게 지나치게 의존하려는 태도를 피터팬 증후군이라고 합니다. 이미 일본은 이런 사회가 되어버렸습니다. 우리도 이대로 가면 비슷해지겠죠.

어린이날입니다. 한 고등학생이 자기도 어린이라고 떼를 써서 부모님에게 용돈을 강탈(?)해서는 놀러 나갑니다. 그런데 어느 중년의 사내가 어머니로 보이는 노인을 업고 가는 것을 봅니다. 노인은 치매가 있는지 한 손에는 풍선을 들고는 연신 웃고 있습니다. 학생이 멍청한 질문을 합니다.

"오늘은 어린이날인데 왜 어머니와 함께 나오셨나요?"

중년의 사내가 대답합니다. "학생, 노심동심(老心童心), 나이가 들면 마음이 어린 아이 같아진다는 뜻이야."

헬렌 켈러

헬렌 켈러에 대한 얘기는 위인전에도 많이 소개됩니다. 생후 19개월 때 앓은 뇌척수염으로 인해 앞을 보지 못하고 들을 수 없으며 말도 할 수 없게 되었지만, 앤 설리번 선생님의 헌신적인 지도로 글을 깨우치고 8살 때 퍼킨스 맹인 학교에 입학하여 정식 교육을 받게 됩니다.

6년 후에는 뉴욕 라이트 휴먼스 농아 학교를 다니고, 그 이후에는 호렌스 만 농아 학교를 다니는데, 이때 이 학교 선생님인 새라 풀러가 목의 진동과 입의 모양을 만지고 느끼게 하는 방법으로 헬렌에게 말하는 법을 처음으로 가르칩니다. 그렇게 헬렌 켈러는 16세의 나이에 래드클리프 여대에 입학하고, 졸업할 무렵에는 5개 국어를 습득했고 이후에는 활발한 사회봉사 활동을 합니다.

그런데 이상하게도 위인전을 읽으면 딱 여기까지입니다. 보통 위인전이란 태어나서 죽을 때까지의 행적을 적어야 하는데 왜 인생 후반부 얘기는 없는 것일까 어렸을 적에 궁금했습니다. 어른이 되어서 여기 저기 알아보고 나서야 사회가 헬렌 켈러의 후반생을 필사적으로 감추려고 했다는 것을 알았습니다.

왜냐하면 헬렌 켈러는 사회주의자였기 때문입니다. 그것도 맹렬한 사회주의자로 활동을 합니다. 헬렌 켈러가 사회주의자가 된 데는 이유가 있습니다.

처음 헬렌 켈러는 장애인의 처우 개선과 복지를 위해 활동했습니다. 그러던 중 장애인들은 유독 하층민에게 많다는 것을 깨닫습니다. 확실히 하층민들의 나쁜 환경이 태아에게 영향을 미칠 뿐 아니라, 돈만 있으면 고칠 수 있는 간단한 병도 돈이 없어 방치하다 보니 불구가 되는 경우도 많습니다. 결국 장애인 문제는 개인의 문제가 아니라 사회적인 구조의 문제라는 것을 깨달았습니다.

그래서 장애인 문제를 근본적으로 고치려면 사회구조를 개혁해야 한다고 생각하고 아주 맹렬하게 운동을 전개합니다. 당시 미국은 '빨갱이'라면 경기를 일으키던 때입니다. 결국 그때까지 호의적이던 언론이 모두 돌아섭니다. 심지어는 장애인이라 생각이 비뚤어진 것이라는 소리까지 듣습니다.

하지만 헬렌 켈러는 88세까지 살며 끝까지 페미니즘과 사회주의, 장애인 문제, 인권운동 등의 활동을 합니다. 장애를 극복한 그녀의 전반생도 훌륭하지만, 장애에도 불구하고 적극적으로 자신의 신념에 따라 활동한 후반생도 아주 훌륭하다고 저는 생각합니다. 지금부터라도 헬렌 켈러의 후반생까지도 자세히 소개하는 위인전이 나왔으면 좋겠습니다.

드레스 코드

어떤 행사에서 그에 어울리는 복장을 하는 것을 '드레스 코드'라고 합니다. 예를 들자면 장례식 때는 검은색 의상을 입는 것입니다. 확실히 반바지에 티셔츠를 입고 클래식을 들으러 가는 것은 예의가 아닙니다. 하지만 드레스 코드가 '차별'이나 '편견'이 될 수도 있습니다. 미국에서 있었던 일입니다.

아메리카 원주민 대표가 어느 행사에 초대받아 그들의 전통의상을 입고 국회에 들어가려고 했습니다. 그러자 국회 관계자가 그들을 막아서며 양복으로 바꿔 입을 것을 요구합니다. 원주민들이 옷을 바꿔 입었는지는 잘 모르겠습니다. 아무튼 행사가 끝난 후 원주민 대표들은 기자회견을 해서 성명을 발표합니다.

"앞으로 원주민 보호구역으로 오는 정부 관계자들은 머리에 깃털 꽂고 몸에 문신하고 원주민 복장을 한 다음 방문하시오."

왼손잡이

인종차별, 성차별은 말할 것도 없고 심지어 오른손잡이냐 왼손잡이냐도 차별의 대상입니다. 요즘은 많이 줄었지만 국민학교 다닐 때 왼손으로 글 쓰면 오른손으로 쓰도록 강요당하기도 했습니다. 우리나라만 그런 것이 아니라 외국도 마찬가지였습니다. 더구나 언어에서도 차별당합니다.

오른손 혹은 바른손은 '옳다', '바르다'를 사용합니다. 그런데 왼손은 '잘못됐다'라는 의미의 '외다'를 사용합니다. 영어도 마찬가지입니다. right는 옳다는 뜻이고, left는 leave의 과거 분사형으로 남겨지고 방치되고 무시당한다는 뜻입니다.

그러나 왼손잡이가 스포츠 종목에서는 상당히 유리한 경우가 많습니다. 권투의 경우는 거리 싸움에서 유리합니다. 야구의 타자 같은 경우는 1루까지의 거리가 두세 발 더 가깝습니다.

왼손잡이는 '단점'이 아니라 '특성'이자 '개성'입니다.

동물 무기

페르시아 제국의 왕 캄비세스 2세는 기원전 525년 난공불락이던 이집트의 펠리시움 요새를 무너뜨립니다. 그때 사용한 무기가 고양이 방패입니다. 당시 이집트인들에게 고양이는 '바스테트'신의 화신이었습니다. 그래서 고양이를 함부로 죽이면 사형을 당했습니다. 캄비세스 2세는 이를 알고는 고양이를 방패로 이용해서 승리한 것입니다. 이 기록이 동물이 무기로 사용된 최초의 기록입니다.

세계 2차 대전 당시에는 GPS나 유도 장치가 없어서 폭탄을 정확한 위치에 떨어트리지 못했습니다. 이때 스키너 박사가 비둘기를 유도 장치로 이용하자 제안합니다. 폭탄을 글라이더에 싣고, 글라이더에는 훈련된 비둘기를 싣습니다. 비둘기는 눈으로 목표를 확인한 후 전극이 부착된 부리 끝으로 스크린을 쪼고, 그러면 폭탄이 떨어지도록 하자는 제안이었습니다. 미군은 비싼 폭탄을 비둘기에게 맡긴다는 것이 미덥지 못해 이 계획을 취소합니다. 나중에 일본이 비둘기 대신 폭탄이나 어뢰를 실은 항공기를 적 군함에 충돌시키는 가미카제 전술을 사용했습니다.

같은 연합군이던 소련도 동물을 전쟁에 사용합니다. 소련은 탱크 밑으로 들어가면 터지는 폭탄을 개의 등에 묶어서 훈련을 시킵니다. 대전차견이라고 합니다만, 이보다는 자폭견이 더 적절한 단어 같습니다. 하지만 개를 소련군의 탱크 밑으로 들어가도록 훈련시켰기 때문에, 전장에서도 소련군의 탱크로 달려갔다고 합니다. 1942년 자폭견 때문에 소련군 탱크 사단을 퇴각시키는 일이 발생하자 더는 운용하지 않게 됩니다.

동물을 전쟁에 사용하는 것 자체가 잔인한 짓이지만 그중에서도 가장 잔인한 방법은 다음에 소개할 칠면조 낙하산인 듯합니다. 1930년대 스페인 내란 때 정부군이 코르도바 근처의 조그마한 언덕에서 파시스트 반란군에게 포위됩니다. 처음에는 생필품을 공수받았지만 시간이 흐르자 공수할 수 없어집니다. 생필품은 재고가 있지만 낙하산이 다 떨어졌기 때문입니다.

고심을 거듭하던 정부군은 칠면조에 생필품을 매달아 투하합니다. 칠면조는 살기 위해 필사적으로 날갯짓을 했고 덕분에 하강하는 속도가 느려져 생필품은 박살 나지 않고 안전하게 전달됩니다. 물론 덤으로 막 죽은 신선한 칠면조 고기도 함께 얻을 수 있습니다. 설사 칠면조가 죽지 않아도 곧 잡아먹혔을 것입니다. 되도록 동물을 전쟁에 사용하지 않는 것이 좋습니다. 인간은 말할 나위도 없습니다.

7장

언론

황색언론

　소크라테스의 부인인 '크산티페'는 톨스토이의 부인 '소피아 안느 레예프나 톨스타야'와 존 웨슬리의 아내 '몰리 골드 호크 바제일'과 함께 세계 3대 악처로 꼽힙니다. 여기에 링컨 아내 '메리'나 모차르트 아내 '콘스탄체'도 충분히 들어갈 수 있을 것입니다. 가장 잘 알려진 일화는 '아리스토파네스'의 희극 〈구름〉에 나옵니다.

"어느 날 크산티페는 집으로 돌아온 소크라테스를 문전박대한다. 그러고는 욕을 한 바가지 퍼붓는다. 그러고도 모자랐는지 소크라테스에게 물을 한 바가지를 뒤집어씌운다. 그러자 소크라테스는 태연하게 '천둥이 친 다음에는 큰비가 쏟아지게 마련이지'라고 말한다."

하지만 이 일화는 거짓입니다. 아리스토파네스는 극우파라 좌파인 소크라테스를 무척 싫어합니다. 그래서 자신의 희곡에서 소크라테스를 조롱하고 모욕하고자 위와 같은 일화를 만들어 집어넣은 것입니다.

실제로 크산티페는 소크라테스의 사형집행 소식을 듣고 막내 아이를 품에 안고서 달려와 통곡합니다. 너무 심하게 통곡해서 형을 집행할 수 없을 정도가 되자, 소크라테스는 친구 크리톤에게 크산티페를 집으로 돌려보내도록 부탁합니다.

황색언론이 있습니다. 언론사가 자기 신문의 판매 부수를 올리기 위해 공격적, 선정적, 자극적인 소재들을 사실 확인도 제대로 하지 않고 실어버리고, 아예 왜곡해 버리는 것을 말합니다. 황색언론은 1890년대 미국의 언론사 모닝 저널과 뉴욕 월드가 경쟁하면서 시작되었다고 하지만, 아리스토파네스를 황색언론의 시작이라고 보아도 무방할 것 같습니다. 아무튼 위의 삼대 악처 명단에서 크산티페는 빼야 합니다.

투탕카멘의 저주

영국의 하워드 카터와 그의 돈줄 카나본 경은 이집트의 허가를 받아 왕가의 계곡에서 합법적으로 도굴을 하다가, 1922년 11월 4일 거의 완전한 형태의 투탕카멘 무덤을 발견합니다. 아마도 가장 유명한 파라오는 투탕카멘입니다. 그러나 투탕카멘이 유명한 이유는 그가 세운 '업적' 때문이 아니라 '저주' 때문입니다. 저주의 첫 희생자는 발굴팀의 돈줄인 카나본 경입니다.

그는 무덤이 발굴되고 얼마 후 돌연사합니다. 연이어 다른 팀원들도 하나둘씩 사망했으며, 심지어 단순히 가이드를 해준 사람마저도 급사했다고 합니다. 덧붙여 이집트엔 갑자기 모래 폭풍이 불기도 했습니다. 훗날 집계된 희생자 수는 21명입니다.

그런데 제일 이해가 안 가는 부분은 '하워드 카터'는 멀쩡하게 살았다는 것입니다. 만약 저주가 있다면 당연히 발굴을 주도했던 하워드 카터가 제1순위 아닐까요? 위의 저주를 다시 한번 곰곰이 살펴보았습니다.

카나본 경은 발굴 당시 대단히 쇠약한 상태라 언제 죽어도 이상하지 않았다고 합니다. 나머지 사망했다는 사람들도 실제로는 사망의 원인은 애매모호합니다. 결정적으로 왕가의 계곡은 도굴꾼들의 마을이 만들어질 정도로 도굴이 성행하던 곳입니다. 저주가 있다면 도굴꾼의 마을이 만들어질 리가 없습니다. 저주라는 것은 없습니다. 황색언론이 만들어 낸 것일 뿐입니다. 한 가지 덧붙이겠습니다. 여러분은 투탕카멘에 대해서 얼마나 아십니까?

투탕카멘의 아버지는 세계 최초의 종교개혁가로서 이집트의 전통종교를 거부하고 태양신 '아톤'을 유일신으로 믿었던 아케나톤입니다. 투탕카멘의 본명은 아톤에서 따온 투탕카톤(아톤의 살아있는 신상)입니다. 투탕카톤은 10살 때 즉위해서 배다른 누나 안케세나멘과 결혼합니다. 아직 나이가 어린 탓에 재상인 '아이'와 장군 호렘헤브가 모든 실권을 장악했습니다.

바로 이 재상 '아이'가 아케나톤의 종교개혁을 전통의 '아몬' 신앙으로 되돌립니다. 그리고 투탕카톤을 협박해서 '아문'의 이름을 딴 '투탕카멘'으로 개명시킵니다. 즉 투탕카멘은 허수아비 파라오였습니다.

이것으로도 양이 차지 않은 아이는 결국 투탕카멘을 살해하고, 안케세나멘과 결혼해서 파라오가 됩니다. 그리고 아몬을 믿는 아이의 자손 파라오들에 의해 아케나톤과 투탕카멘은 기록 말살 수준의 푸대접을 받습니다. 살아생전에도 힘이 없어서 아이에게 암살당한 투탕카멘이 죽어서 저주를 내릴 수 있을까요? 판단은 여러분에게 맡기겠습니다.

사이공식 처형

　사이공식 처형은 1968년 2월 1일 구정대공세 중 사이공에서 일어난 일을 에디 애덤스가 찍은 것입니다. 1972년 6월 8일 네이팜탄에 화상을 입고 벌거벗은 채 뛰는 판티 킴푹의 사진과 함께 베트남 전쟁 반대 운동을 촉발시킨 유명한 사진이기도 합니다.

　하지만 사실 사이공식 처형은 언론이 얼마나 사실을 왜곡할 수 있는지를 보여주는 사진입니다.

　사진 속의 처형 자는 응우옌응옥로안 베트남 공화국 경찰 총감독이고, 민간인 복장을 한 사람은 응우옌반린 베트콩 대위입니다. 응우옌반린 대위는 베트콩의 암살 부대 대장으로 베트남 경찰들의 부인, 자녀, 친척들을 수십 명이나 살해해서 도랑에 버렸고, 이를 자랑하던 악질입니다.

　그러나 이 사진은 언론에 의해 베트남 군인이 무고한 시민을 살해하는 장면으로 변질되었고 미국의 반전운동에 커다란 영향을 주게 됩니다. 1975년 베트남 전쟁이 끝난 후 응우옌응옥로안은 보트피플이

되어 미국으로 망명하는데, 이 사진 때문에 1978년 11월 3일 미국 이민국으로부터 부도덕한 인간이라는 이유로 미국거주허가가 취소되기도 합니다. 그리고 응우옌반린 베트콩 대위는 후에 베트콩의 국가적 영웅이 되어 장군으로 추증까지 됩니다.

한편 에디 애덤스는 이 사진으로 1969년 퓰리쳐상까지 받지만 자신의 사진이 왜곡 인용되어 한 사람의 인생을 망친 것에 매우 후회했다고 합니다. 1998년 그는 타임지에 다음과 같은 글을 기고합니다.

장군은 베트콩을 죽였지만, 나는 내 카메라로 장군을 죽였다. 사진은 이 세상에서 가장 강력한 무기이다. 사람들은 사진을 믿지만, 사진가들은 거짓말을 한다. 심지어 조작하지 않고도 거짓말을 한다. 사진은 절반 정도만 진실일 뿐이다. 사진이 말하지 않은 것은 이런 것이다. "당신이 이때 장군이었고, 미국인을 두어 명 죽인 이른바 악당을 이 더운 날 만나면 어떻게 했을 것인가?" 나는 응우옌응옥로안이 죽었다는 소식을 들었을 때 "미안합니다. 눈물이 납니다"라는 글과 함께 조화弔花를 보냈다.

언론의 위험성

현대 사회처럼 통신이 발달한 사회에서 언론 권력은 어마어마합니다. 한 언론사의 특종 보도로 대통령이 바뀐 경우도 세계적으로 여러 건 있었습니다. 막강한 권력을 지닌 언론사가 자신들의 보도에 책임을 지지 않는 것은 국가적인, 더 나아가 세계적인 재앙이 됩니다.

1989년 11월 3일, '공업용 우지(소 기름)'로 면을 튀겼다는 익명의 투서가 서울지방검찰청에 날아듭니다. 그리고 검찰이 수사한 결과 라면을 튀길 때 미국에서 수입해 온 2등급 및 3등급 등 비식용 우지를 썼다는 것이 밝혀집니다. 언론은 이를 대대적으로 보도하였고, 라면을 만들던 삼양식품은 그야말로 날벼락을 맞습니다.

그러나 보건사회부는 같은 해 8월 말까지 라면 341건을 수거하였으나 식품공전 규격에 어긋나는 제품은 단 한 건도 없다고 밝혔습니다. 라면회사는 20년이 넘게 우지를 이용해 라면을 튀겨왔다고 합니다. 수입 시에 공업용으로 등록하면 식품으로 등록할 때보다 수입절차가 간단해지고 세금도 이득을 보기 때문에 수입업자들이 공업용으로 등록을 한 것이 원인입니다.

하지만 언론이란 사건이 일어나면 대서특필하지만 사건이 종결되면 단 한 줄로 끝내는 특징이 있습니다. 어쨌든 지금은 라면을 식물성 기름으로 튀깁니다.

2004년에는 단무지나 무말랭이 쓰레기를 만두소로 사용한 불량 만두를 판매한다는 보도가 나옵니다. TV에 나오는 쓰레기 단무지는 온 나라를 시끌시끌하게 만들었습니다. 이 사건으로 인해 단무지나 무말랭이를 만두소로 사용하는 만두 업체들이 도산하거나 상당한 피해를 보았고, 한 사장이 자살하는 사태까지 일어납니다. 심지어 단무지나 무를 만두소로 사용하지 않는 만두까지 덩달아 큰 피해를 당했습니다.

하지만 방송사들이 자체 취재보도 한 것처럼 보였던 단무지 장면은 대부분 경찰이 제공한 것으로, 문제의 쓰레기 장면은 만두소 재료가 아니라 버리기 위해 모아놓은 진짜 쓰레기였다는 것이 드러납니다.

이러한 언론의 오보 사건들을 보면 정말로 '펜은 칼보다 강하다'라는 것을 알 수가 있고, 또한 무책임한 언론이 얼마나 위험한지도 알 수 있습니다.

베를린 장벽 붕괴

    2차 세계대전이 끝난 후 독일은 민주주의 서독과 공산주의 동독으로 나뉩니다. 그리고 동독 내부에 있던 베를린도 동서로 나누어졌습니다. 당시에는 동독, 서독의 경계선의 감시가 소홀했기 때문에 수백만 명이 서독으로 탈출하였습니다.

    1953년 소련과 동독 정부는 동독 주민의 탈주를 막기 위해 동서독 국경의 경계 태세를 대폭 강화합니다. 그러자 동독 주민들은 동베를린을 거쳐서 서베를린으로 탈출합니다. 1961년 8월 13일에 동독은 동독 주민의 탈출을 막기 위해 베를린 장벽을 설치합니다.

    베를린 장벽이 구축된 후에도 10만 명에 달하는 사람들이 베를린 장벽을 넘어서 서베를린으로 탈출을 시도했습니다. 하지만 성공한 사람은 5000여 명뿐이고 약 200명의 사람이 장벽을 넘는 도중에 사살되었습니다.

    그런데 동서 분단의 상징이었던 베를린 장벽은 단 하루 만에 무너져 버립니다. 1989년 9월에 동독에서 민주화 시위가 여기저기서 일어납니다. 이때 시위대가 요구한 것 중에 '여행 자유화'가 있었습니다. 그래서 동독 정부는 회유책으로 여행 자유화 정책을 1989년 11월 9일 오후 6시 58분경 기자회견을 통해 발표합니다.

그런데 당시 기자회견장에서 어떤 이탈리아 기자가 "언제부터 국경 개방이 시행되느냐?"라는 질문을 했고, 동베를린 SED 총서기 권터 샤보프스키가 "지연 없이 즉시"라고 대답하는 실수를 합니다.

동독 및 서독 기자들은 당연히 이것이 말실수라고 생각했지만, 독일어가 서툴렀던 이탈리아 ANSA사의 리카르도 에르난은 회견 직후 이 여행 자유화 조치를 베를린 장벽 붕괴로 착각하고 본국에 급전을 보냅니다. 이 소식은 미국을 건너 그날 밤 서독 TV까지 퍼져나가 순식간에 수많은 동서독인이 베를린 장벽으로 몰려들었습니다.

양쪽 시민들은 대형 해머, 드릴, 불도저와 크레인까지 끌고 나와 벽을 부수기 시작합니다. 동독 국경수비 대원들과 세관원들이 막아보려고 했지만, 통제 불가능한 어마어마한 인파가 계속 밀려와서 결국은 통제에 실패합니다. 결국 베를린 장벽은 무너지고 1990년 10월 통일이 공식 선언됩니다.

오보는 국가도 무너트릴 수 있습니다.

8장

마 케 팅

마케팅

신발 제조 회사에서 아프리카 현지 조사를 위해 두 명의 조사원을 파견합니다. 조사 기간이 끝나고 조사원이 사장과 면담을 합니다. 첫 번째 조사원이 고개를 가로젓습니다.

"아프리카에는 사람들이 신발을 신지 않습니다. 신발의 필요성을 모르는 사람들에게 신발을 팔 수 없습니다."

두 번째 조사원이 면담합니다. 그런데 눈을 반짝거리며 말합니다.

"아프리카에는 사람들이 신발을 신지 않습니다. 그 사람들에게 신발을 신긴다면 어마어마한 시장이 될 것입니다."

과연 이 회사가 아프리카에 진출했는지 안 했는지는 모르겠습니다. 물론 된다는 확신을 하고 덤빈다 해도 꼭 성공한다는 보장은 없습니다. 그러나 안된다는 생각을 가지고 덤비면 확실하게 실패합니다. 조금 진부한 얘기지만 실패하면 다시 도전하면 됩니다.

비록 세상이 공정하지 못하고 갑과 을의 차이가 존재하지만, 결국은 실패를 두려워하지 않고 성공의 확신을 하고 사는 사람이 성공확

률이 높습니다. 실패를 두려워 말고 도전하시기를 바랍니다.

세일즈에 꼭 필요한 두 번째 요소는 소비자의 필요를 알아차리는 것입니다. 알래스카에 냉장고를 팔 수 있을까요? 알래스카는 너무 추워서 음식이 쉽게 얼어버립니다. 그러므로 음식을 얼지 않고 싱싱하게 보관할 수 있는 냉장고가 꼭 필요합니다. 알래스카에서도 냉장고를 이용합니다.

아프리카에서 난방기를 팔 수 있을까요? 사막은 일교차 때문에 밤에는 얼음이 얼 정도로 춥습니다. 그래서 난방기구가 꼭 필요합니다.

물건을 팔려면 물건을 살 사람이 무엇을 필요로 하는지 생각해야 합니다.

페리숑씨의 여행

외젠 라비슈와 에두아르 마르탱이 1860년에 쓴 〈페리숑씨의 여행〉이라는 희곡의 내용은 다음과 같습니다.

부유한 페리숑씨는 자기 부인과 딸, 그리고 다니엘과 아르망이라는 딸에게 청혼한 두 명의 청년과 함께 여행을 떠납니다. 그런데 페리숑씨는 여행 중 말을 타다 실수하여 가파른 절벽 아래까지 굴러갑니다. 그 순간 아르망이 달려가 페리숑씨를 구하게 되고 가족들은 아르망에게 크게 고마워합니다. 그런데 페리숑씨는 처음에는 생명의 은인이라고 매우 고마워하지만 시간이 지날수록 오히려 아르망에게 부담을 느끼게 되고, 급기야는 그냥 놔둬도 혼자 위기를 넘길 수 있었다는 얘기까지 합니다.

그러다가 페리숑씨의 여행에서 다시 비슷한 사고가 일어납니다. 페리숑씨와 일행들이 산을 타던 중 이번에는 다니엘이 절벽 아래로 떨어질 뻔합니다. 이때 페리숑씨가 다니엘을 구하게 됩니다. 페리숑씨는 이 사실을 아주 뿌듯해하며 가족들에게 자랑합니다. 그리고 다니엘과 지신의 딸을 혼인시키고자 합니다.

페리숑이라는 인간은 참 배은망덕한 인간이지요. 하지만 페리숑의 일화는 인간이면 모두가 가지고 있는 어두운 일면입니다. 도움을 주었음에도 오히려 험담을 받는 경우는 매우 흔한 일입니다. 그리고 인간은 누구나 자신이 도움을 준 일은 과장하려는 경향이 있습니다.

예전에 읽은 이야기가 생각나네요. 한 꽃장수가 꽃을 잔뜩 실은 손수레를 끌고 힘겹게 언덕을 오릅니다. 그러자 주위 사람이 손수레를 밀어줍니다. 언덕을 다 오른 이 꽃장수는 주위 사람에게 감사하다고 말하고는 보답으로 자신의 꽃을 싸게 팔겠다고 합니다. 주위 사람들은 너도나도 꽃을 샀고 꽃장수는 다시 한번 팔아줘서 고맙다는 인사를 하고는 사라집니다. 혹시 이 꽃장수는 세일즈 전략의 달인이 아니었을까요?

쿠폰

쿠폰Coupon은 우리나라에서 요식업계가 자주 사용하는 상술입니다. 피자나 치킨 혹은 중국요리를 시킬 때 쿠폰을 주고 쿠폰이 10장 모이면 한 번은 공짜라는 식으로 사용합니다.

실질적인 금액으로는 10번 시키면 한번 공짜니까 음식을 시킬 때 음식값을 10% 깎아주는 것과 같습니다. 하지만 인간의 심리는 할인보다 공짜를 더 좋아하기 때문에 할인보다는 쿠폰을 선호합니다. 그 때문에 음식값을 10% 깎아주는 것보다 10번 시키면 한번 공짜가 훨씬 많은 손님을 유인할 수 있습니다. 또 공짜로 한번 먹기 위해 10번 특정한 음식점을 이용해야 하므로 음식점 입장에서는 매우 훌륭한 상술입니다.

하지만 문제는 음식점 주인이 이러한 개념을 이해 못 하는 경우가 종종 있다는 것입니다. 대놓고 짜증을 내거나, 양이나 질이 줄어드는 경우가 존재합니다. 심지어는 쿠폰으로 시켜 먹을 때쯤 상호를 바꾸어 쿠폰을 무효화시키는 음식점도 존재합니다. 이제는 생각을 바꾸어야 합니다.

오히려 쿠폰을 사용할 때 더 많이 줘야 합니다. 쿠폰으로 시켜 먹을 정도라면 자기 집 음식을 많이 팔아준 단골손님이라는 의미이니까요. 또한 고객들은 냉정하므로 쿠폰 사용에 서비스가 나빠진다면 바로 등을 돌려버립니다.

장사하는 사람들은 꼭 명심해야 할 사항입니다.

쿠폰을 가장 적극적으로 활용한 회사는 아마도 코카콜라인 것 같습니다. 코카콜라의 회장이었던 아사 캔들러는 코카-콜라를 무료로 마실 수 있는 샘플 쿠폰을 전 미국에 뿌립니다. 1894년부터 1913년까지 850만 장을 뿌렸다고 합니다. 덕분에 미국인 9명 중 1명이 코카콜라를 마시게 되었고 미국에서는 코카콜라를 모르는 사람이 없게 되었습니다.

동네 음식점 사장과 대기업 회장의 경영 전략은 이렇게나 큰 차이가 나는 것입니다.

훌륭한 광고

활주로 없이 뜨고 내릴 수 있는 비행기를 수직 이착륙기라고 합니다. 항공모함에서 사용하면 좋겠지요. 하지만 이런 기술을 갖추는 것

미국의 AV-8 해리어

은 대단히 어렵기 때문에 실제로 운용한 기체는 AV-8 해리어밖에 없었습니다. (현재 F-35로 대체되고 있습니다.)

그런데 이 해리어 기를 콜라만 마시면 살 수 있습니다. 모든 콜라가 되는 것은 아니고 펩시콜라만 됩니다. 1995년 11월 펩시에서는 펩시 스터프 이벤트를 하고 있었습니다.

"펩시 1박스(24통)는 10포인트, 15포인트 이상을 가지고 있으면, 모자라는 점수는 1점당 10센트로 환산해서 현금으로 지급 가능. 받을 수 있는 물건은 75포인트 티셔츠, 175포인트 색안경, 1450포인트 가죽 재킷 그리고 700만 포인트는 해리어 전투기!!!"라고 실제로 TV 광고를 했습니다.

당연히 농담이지요. 그런데 존 레너드라는 대학생은 아주 진지하게 받아들입니다. '700만 포인트를 현금으로 환산하면 70만 달러. 해리어는 최소 3천3백만 달러. 따라서 시가의 50분의 1!!!' 그는 변호사를 고용하고 투자가들을 설득하여 1996년 3월 28일에 15포인트와 70만 달러짜리 수표를 펩시로 보냅니다. 펩시에서는 단순한 장난으로 생각하고 콜라 3상자(15포인트)와 수표를 돌려보냅니다.

하지만 레너드는 진심이었습니다. 결국 법정까지 가게 되었고 1999년 최종적으로 레너드는 패소합니다. 그 이후 펩시는 광고를 바꾸어 해리어의 포인트를 700만 포인트에서 7억 포인트로 바꾸었습니다.

그런데 이 사건으로 펩시의 인지도가 크게 올랐으니 어찌 됐든 아주 훌륭한 광고이기는 합니다.

다이아몬드

다이아몬드는 비쌉니다. 이유가 무엇일까요? 제일 먼저 생각할 수 있는 것은 희소성입니다. 구하기 어려울수록 당연히 비싸집니다. 하지만 다이아몬드는 희소한 물건이 아닙니다. 물론 19세기 이전에는 인도의 콜콘다에서 겨우 몇 킬로그램 정도 생산되는 매우 귀중한 보석이었습니다.

그러나 19세기말 남아프리카에서 다이아몬드 광산이 발견되면서 1년에 수백 톤씩 채굴되기 시작합니다. 그뿐만 아니라 그 후로도 1년에 수백 톤씩 채굴할 수 있는 광산이 여러 개 발굴됩니다. 1902년 발굴된 컬리넌 광산에서는 다이아몬드를 독점한 드비어스의 1년 다이아몬드 채굴량보다도 더 많은 다이아몬드를 매년 채굴했습니다.

그러면 다이아몬드의 가격은 왜 내려가지 않는 것일까요? 이유는 드비어스사가 고의로 가격을 통제하기 때문입니다. 드비어스 사는 '희소성'을 '물건의 양이 적은 것'이 아니라 '가지고 싶어도 가질 수 없는 것'으로 재해석합니다.

드비어스 사는 대중들에게 '다이아몬드'는 약혼반지라는 생각을 머리에 심어 넣기 위해 대대적인 광고를 합니다. 단단하기는 하지만 잘 부서지는 다이아몬드를 마치 영원불멸인 것처럼 포장한 게러티의 1947년 캐치프레이즈 "A Diamond is Forever"를 내세우며 변치 않는 사랑의 증표로 다이아몬드 반지를 줘야 한다는 광고를 대대적으로 합니다.

또한 디그넘은 할리우드의 여배우들과 사교계의 유명인들에게 다이아몬드를 무료로 나눠주고 다이아몬드를 착용한 모습을 언론에 알려 유명인들은 다이아몬드를 착용한다고 대중들에게 각인시킵니다. 드비어스의 작전은 성공하여 다이아몬드는 대중들에게 '가지고 싶은 것'이 되었습니다.

드비어스 사는 두 번째 작전으로 컬리넌 광산을 포함한 다이아몬드 광산을 무제한으로 사들인 후 생산량을 통제합니다. 즉 실제로는 흔한 광물임에도 생산량을 통제하여 '가질 수 없는 것'으로 만들었습니다. 결국 다이아몬드가 비싼 이유는 희소성이 아니라 드비어스의 상술 때문입니다.

도시 광산

우리나라 최대의 금광은 충북 음성 무극광산으로 국내 총생산량의 80% 정도인 연간 1톤 이상이 나왔었습니다. 그런데 1톤의 금을 캐려면 어느 정도의 돌멩이를 부숴야 할까요? 무극광산의 경우 돌멩이 1톤에 금 8그램 정도 들어있다고 합니다. 그러니 1톤의 금을 캐기 위해 12만 5000톤의 돌멩이를 부숴야 합니다. 이렇게 말하면 과연 채산성이 있나 싶지만 금광은 돌멩이 1톤에 금 5그램 정도면 채산성이 있다고 합니다. 현재는 금값이 올라서 1톤에 금 1그램만 있어도 채굴을 한다고 합니다.

그런데 1톤에서 무려 400그램의 금을 채굴하는 곳이 있습니다. 도대체 어디에 이렇게 많은 금이 묻혀있는 것일까요? 뜻밖에도 도심지 한가운데에 있습니다.

바로 우리가 사용하고 버리는 각종 가전제품에는 금을 비롯한 많은 금속이 들어있습니다. 그중 폐휴대전화 1톤에서 뽑아낼 수 있는 금의 양이 400그램입니다. 이것을 도시 광산urban mining이라고 합니다.

확실히 사업가와 일반인은 다른 눈을 가지고 있는 듯합니다. 일반인들의 눈에는 쓰레기이지만 사업가에게는 금광으로 보이겠지요.

신문지

신문지는 이불로도 사용할 수 있습니다. 종이는 펄프를 얇게 펴서 층층이 쌓아 만듭니다. 그러면 펄프의 층 사이에 공기가 들어가서 보온 효과가 있습니다. 특히 신문지는 수십 층의 펄프를 사용하기 때문에 보온 효과가 상당히 높습니다. 그리고 쉽게 구할 수도 있으므로 노숙자들이 이불 대용으로 많이 사용합니다. 실제로 영국에서 신문사가 파업하자 신문지를 구하지 못해 수십 명의 노숙자가 얼어 죽은 사건도 있었습니다. 신문지가 사람을 살리는 셈입니다.

그리고 포장지로도 사용할 수 있습니다. 배 농사를 할 때 보통 6월경에 병해충과 조류 피해를 막기 위해 신문지로 만든 포장지를 씌우게 됩니다. 그런데 국산 신문지는 재질이 좋지 않아 쉽게 찢어지기 때문에, 재질이 좋은 일본 신문지를 수입해서 사용합니다.

생리대와 화장지

세계 제1차 대전은 최초의 총력전입니다. 몇 년을 계속된 전쟁에 야전에서 필요한 붕대마저도 바닥이 나버립니다. 필요는 발명의 어머니입니다. 미국에서는 기업들에 붕대를 대체할 제품을 개발할 것을 요구합니다. 이에 제지회사인 킴벌리는 소량의 솜과 나무의 펄프 섬유소를 이용한 셀루코튼cellucotton이라는 제품을 개발합니다.

셀루코튼은 솜보다도 흡수력이 다섯 배나 높으면서도 가격은 싸고, 애초에 종이이기 때문에 대량생산이 쉬웠습니다. 그리고 일회용이기 때문에 오히려 붕대보다 훨씬 편리하고 위생적이었습니다. 셀루코튼의 인기는 그야말로 하늘을 찌를 듯하였습니다.

그런데 셀루코튼은 전쟁터에서 간호사들에 의해 다른 용도로 사용됩니다. 한 달에 한 번씩 마법에 걸리던 간호사들은 기존의 빨아 쓰는 천 생리대 대신 한번 사용하고 버릴 수 있는 셀루코튼으로 간이 생리대를 만들어 사용합니다. 전쟁이 끝나고 붕대의 수요가 줄어들자 킴벌리는 셀루코튼으로 생리대를 만듭니다.

하지만 생리대는 여자만 그것도 한 달에 몇 번만 사용하는 물건이라 성장에 한계가 있습니다. 킴벌리는 매일 얼굴 화장을 지울 때 사용하는 손수건에 주목합니다. 손수건 대신 티슈로 화장을 지운다면 많은 양의 티슈를 판매할 수 있다고 생각한 킴벌리는 상자 티슈를 만들고 크리넥스라는 이름을 붙여 광고합니다. 그러나 킴벌리의 예상과는 달리 상자 티슈는 많이 팔리지 않습니다. 여자들은 손수건으로 화장을 지우는 것에 큰 불편을 느끼지 않았기 때문입니다.

그런데 상자 티슈는 의외의 곳에서 사용되기 시작합니다. 당시에는 손수건으로 코를 풀고는 다시 주머니에 넣어서 다녔습니다. 코 푼수건을 주머니에 넣어 다니고 싶은 사람은 없었겠지만 손수건은 일회용이 아니니 어쩔 수 없었습니다. 킴벌리는 이에 착안하여 "Don't put a Cold in your Pocket(당신의 주머니에 감기를 넣고 다니지 마십시오)"이라는 메시지로 광고를 합니다. 이 광고로 크리넥스의 판매량은 두 배가 되었다고 합니다.

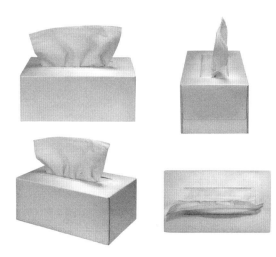

포스트잇

    3M의 포스트잇이 처음엔 실패한 발명품이었다는 걸 이제는 많이 알고 있을 것입니다. 3M의 스펜서 실버라는 연구원이 강력한 접착제를 개발하던 중 반대로 접착력도 떨어지고 점성도 약한 접착제를 만들게 됩니다. 보통 같으면 이 물건은 폐기하고 다시 연구를 시작하겠지만 실버는 이 물건도 쓸모가 있으리라 생각하고 사내 기술 세미나에 제품을 발표합니다. 당연히 반응은 냉담했습니다. 접착제는 접착력이 강해야 한다는 것이 상식이니까요.

    그런데 그곳의 교회에서 성가대로 활동하던 아트 프라이라는 직원이 있었습니다. 그는 찬송가에 꽂아 놓은 기존의 책갈피가 자꾸 떨어지는 문제 때문에 고민하던 중, 실버의 접착제가 해결법이 될 수 있겠다고 생각합니다.

    그래서 종이 뒤에 접착제를 바른 제품을 만듭니다. 이후에도 그리 큰 반응을 얻지 못했지만 스펜서 실버와 아트 프라이의 거듭된 홍보로 여러 회사 비서실에서 이 포스트잇을 시험 삼아 사용하게 합니다.

그러다 대박이 나버린 것이지요. 발상의 전환과 성공에 대한 확신 그리고 계속되는 노력이 합쳐져야만 대박을 이룰 수 있습니다. 저는 이 일화를 듣고는 장자의 대박 이야기가 떠올랐습니다.

《소요유》에는 장자와 그의 친구 혜시가 큰 박의 용도를 두고 이야기를 나누는 장면이 나옵니다.

위魏나라 임금이 혜시에게 큰 박의 씨를 선물로 줬다. 혜시가 그 씨를 심었더니 집채만 한 박이 열렸다. 하지만 박의 안을 긁어서 물을 담으니 물이 새고, 쪼개서 바가지를 만들어도 너무 커 물건을 담기 불편했다. 혜시는 이 박이 쓸모없다고 여겨 쪼개버렸다. 혜시가 이 이야기를 장자에게 하자 장자는 말합니다.

"박을 바다에 띄워 놀면 되지. 왜 박을 무엇을 담기 위한 용도로만 생각하느냐?"

사실 위의 이야기는 장자의 철학이 큰 박처럼 대단해 보이지만 쓸모없다고 비판하는 것을 장자가 되받아친 것입니다. 장자가 우리에게 하고픈 이야기는 발상을 전환하라는 얘기가 아닐까요?

폭스바겐 비틀

1930년대 독일의 지배자인 아돌프 히틀러는 국민차Volks Wagen 계획을 세웠고, 이를 공학박사 페르디난트 포르셰에게 의뢰하였는데, 요구 조건은 다음과 같았습니다.

1. 성인 두 명과 어린이 세 명을 태울 수 있을 것.
2. 100 km/h로 아우토반을 달릴 수 있는 차일 것. (아우토반도 히틀러의 작품입니다.)
3. 가격은 1,000 마르크로 저렴하고 튼튼한 차를 만들 것. (당시의 모터사이클 가격임)
4. RR을 적용하고 공랭 엔진을 탑재할 것.

불가능한 이 임무를 포르셰는 성공했고, 지금까지도 만들어지고 있습니다. 그런데 'RR을 적용하고'가 무슨 뜻일까요? Rear engine Rear drive(후방 엔진 후륜 구동)입니다. '엔진'이 우리가 생각하는 트렁크에 있고 '엔진룸'은 텅 비어있다는 소리입니다. 우리나라에는

이런 경우가 드물어서 독일에서 이런 차를 보면 깜짝 놀라곤 합니다. 그런데 여기에 엔진이 차 앞에 있다는 '고정관념'이 더해지면 황당한 일이 일어납니다.

한국인 두 명이 독일로 여행을 갑니다. 비틀을 두 대 빌려 아우토 반을 내달립니다. 그런데 앞서가던 차에 이상이 생겼습니다. 운전자가 차를 길가에 세우고는 앞쪽을 열어봅니다. 그러고는 깜짝 놀라 뒤따라오는 친구에게 전화합니다.

"야, 차에 엔진이 없어. 어떡하지!!!"

그러자 뒤따라오는 친구가 대답합니다.

"걱정하지 마. 우리 차 트렁크에 엔진이 하나 더 있더라. 빌려줄게."

고정관념은 엔진 없는 차도 움직이게 만들고, 타이어가 아닌 엔진도 바꿀 수 있는 능력을 줍니다.

MS-DOS와 V3

MS-DOS는 컴퓨터의 운영체제OS, Operating System 중 키보드로 명령어를 입력하는 DOSDisk Operating System 중 마이크로소프트사에 개발한 것입니다.Microsoft Disk Operating System

OS의 종류는 많습니다. Dos, Windows, Linux, MacOS 등이 있고, 스마트폰에서는 안드로이드, iOS 등이 있습니다. Dos도 제조사에 따라 DR-DOS, Q-DOS 등이 있습니다.

MS-DOS는 Q-DOS를 빌 게이츠가 팀 패터슨으로부터 75,000달러에 구매하여 1981년 이름을 바꾼 것입니다. 후에는 MS에서 개발하게 됩니다. 그런데 워낙 불법복제가 유행하다 보니 전 세계 대부분의 컴퓨터가 MS-DOS를 쓰는데도 불구하고, 빌 게이츠는 떼돈을 벌지는 못했습니다. 그러나 바로 이 불법복제가 빌 게이츠를 세계 최고의 부자로 만들어 주는 계기가 됩니다.

다른 우수한 OS도 많은데 전 세계의 컴퓨터가 MS-DOS를 쓰게 된 이유는 가격이 공짜이기 때문입니다. 인간이 가진 습관이란 쉽게 바뀌는 법이 아니라서 MS-DOS를 사용하던 사람들은 후에 마이크로소프트사의 OS인 윈도우즈로 갈아타게 됩니다. 덕분에 빌 게이츠는 갑부가 되었지요.

어찌 보면 MS-DOS의 불법복제를 일부러 방치한 것이 아닌가 싶은 생각도 듭니다. 나쁘게 말하면 DOS를 미끼로 낚아챘다고도 할 수 있겠습니다. 하지만 먼저 베풀면 나중에는 더 크게 돌아온다는 사례로도 볼 수 있습니다. 작은 손해에 연연하지 말고, 차라리 베푼다고 생각하십시오.

한 가지 사례를 더 들겠습니다. 파키스탄의 바시트 파루크 알비와 암자드 파루크 알비 형제는 자신들이 만든 소프트웨어가 불법 복제되어 퍼지자 이에 복수하려고 브레인 바이러스를 프로그램에 심어놓습니다. 이것이 컴퓨터에 실질적인 피해를 준 최초의 컴퓨터바이러스입니다.

이 바이러스를 치료할 안티바이러스 소프트웨어를 만든 사람이 안철수 씨입니다. 안철수 씨는 안티바이러스 소프트웨어 프로그램을 무료로 배포합니다. 그래서 한때는 안티바이러스 소프트웨어 하면 안철수의 V3만 있는 줄 알았습니다. 사실 안티바이러스 소프트웨어를 백신이라고 부르는 이유도 V3 때문입니다.

아무튼 이 때문에 안철수 씨는 나중에 안티바이러스 소프트웨어 기업의 CEO가 되고 큰돈을 벌게 됩니다. 빌 게이츠와 비슷한 사례입니다.

리버스 엔지니어링과 카피캣

아래의 비행기를 비교해 보시기 바랍니다.

미국의 B-29 슈퍼 포트레스

B-29는 제2차 세계대전 때 운용되었던 당대 가장 큰 항공기이며 일본을 불바다로 만들어 버린 폭격기입니다. 히로시마와 나가사키에 원자폭탄을 투하한 것도 이 폭격기입니다. 당대 최고의 폭격기이기 때문에 소련에서도 빌려달라고 요청했지만, 미국이 이런 전략무기를 빌려줄 리가 없습니다.

그런데 이 폭격기가 일본을 폭격하다가 길을 잃거나 기체에 이상이 생겨서 소련 극동 지역에 불시착하게 됩니다. 그러자 소련은 조종수들만 풀어주고 기체는 반환하지 않습니다. 그리고 스탈린은 소련의 공학자들에게 B-29를 나사 하나까지 해체해서 설계도를 만들라고 지시합니다. 그렇게 그대로 복제해서 만든 것이 Tu-4입니다. 그러다 보니 1950년대의 미국은 Tu-4가 B-29로 위장하고 미국 본토를 공격하지 않을까 걱정했다고 합니다.

이렇게 완성품을 분해해서 설계도를 만드는 것을 '리버스 엔지니어링'이라고 합니다. 위의 사례처럼 다른 나라에는 기밀로 붙여진 무기의 경우 많이 행해졌습니다. 일본도 이런 식으로 조총을 만들었습니다. 또한 일반 제품의 경우도 행해집니다.

이런 리버싱 엔지니어링으로 엄청난 기술 축적을 이룬 나라가 바로 대한민국입니다. 1970년대 세계 반도체 기술은 미국과 일본이 독점하고 있었고, 그 기술은 철저한 기밀이었습니다. 그랬는데 삼성에서 1983년 64K D램의 자체 개발에 성공합니다. 어떻게 하면 가능했을까요?

'리버싱 엔지니어링' 때문에 가능했습니다. 리버싱 엔지니어링은 부도덕하지만 자국의 기술 개발을 위한 아주 좋은 수단이라는 생각도 듭니다.

하지만 '리버싱 엔지니어링' 자체가 쉬운 일이 아닙니다. 예를 들어 합금의 경우 녹여서 조합 비율을 분석해 알아낼 수 있지만 그 합금을 제조하는 방법은 알아낼 수 없습니다. 또한 정밀한 전자회로의 경우 리버싱 엔지니어링 하는 것보다 처음부터 설계해서 제조하는 것이 싸게 먹히는 예도 있습니다. 무엇보다도 리버스 엔지니어링을 하려면, 시행하고자 하는 측도 상대방과 대등한 기술력이 있어야 합니다.

위에서 보기로 든 삼성의 사례도 결코 쉽게 이루어진 것이 아닙니다. 엄청난 시행착오 끝에 간신히 성공했습니다. 당장에 컴퓨터 한

대를 석기시대 문명을 가진 부족에게 가져다준다면 리버스 엔지니어링이 가능할 리가 없습니다.

미국이 기술적으로 발전한 이유가 로스웰에 떨어진 외계인을 고문해서 그렇다는 얘기가 있습니다. 하지만 정말로 그렇다면 진공관에서 단숨에 IC 회로로 발전하지, 도중 단계인 트랜지스터 같은 것을 만들 이유가 없습니다.

어쨌거나 현재 반도체 분야에서 최고의 기술을 보유한 회사는 삼성입니다. 아이러니하게도 이제는 삼성에서 자신들의 기술이 빠져나가지 못하도록 철저히 보안 활동을 하고 있습니다.

경영에서도 리버스엔지니어링과 똑같은 방식을 사용하는 경우가 있습니다. 중소기업이 신제품을 개발하고 시장에 상품을 내놓고 열심히 판촉에 들어갑니다. 만약 상품이 잘 팔릴 것 같으면 대기업에서 그 제품을 그대로 카피하여 더 싼 가격으로 시장에 물건을 내놓습니다. 자금력이 떨어지는 중소기업은 결국 손해만 보고 물러나게 됩니다. 이것을 카피캣이라고 합니다.

9장

심리

성격장애

성격장애는 행동, 습관, 사고방식 등이 지나치게 편향되어 문제를 일으키는 정신질환입니다.

성격장애는 스스로에게도 고통이지만 가족, 친지, 이웃에게도 고통을 줍니다. 장애의 원인은 선천적 요소와 후천적 요소가 있습니다. 요즘은 사회에서 스트레스를 너무 받아서 그런지 일반 인구의 10-20% 이상이 성격장애를 한 종류씩은 앓는다고 합니다.

하지만 장애의 특성상 환자가 본인의 문제를 인정하지 않는 경우가 많습니다. 앞에서도 밝혔듯 일반 인구의 10-20% 이상이 고통받고 있으며, 자신뿐 아니라 이웃에게도 고통을 줄 수 있으니 다음에 나오는 장애의 유형을 보시고 자신에게 해당한다 싶으신 분은 꼭 정신과에서 진단받으시기를 바랍니다.

별나거나 독특한 유형

- **편집성** – 항상 타인이 자신에게 악의를 가지고 있다고 오해하거나 의심하는 증세
- **조현성** – 대인관계 및 사회활동에 흥미를 갖지 않고 사람들에게 냉정함.
- **조현형** – 망상, 환각, 기이한 신념 등을 가짐.

감정적이고 변덕스러우며 충동적인 유형

- **반사회성** – 사회의 규범이나 질서 또는 이익에 반대되는 행동을 함.
- **경계선** – 정서, 행동, 대인관계 등이 지극히 변덕스러움.
- **연극성** – 항상 타인의 관심을 받기 위해 과장된 행동을 함.
- **자기애성** – 극단적인 자기중심적 사고

걱정하거나 두려워하는 유형

- **회피성** – 타인과의 만남을 피함.
- **의존성** – 의지할 대상을 찾아 자발적으로 복종함.
- **강박성** – 매사에 완벽을 추구하며 규칙에 얽매여 삶.

사이코패스와 소시오패스

    사이코패스와 소시오패스는 의학적으로 공인된 용어가 아니며 그 구별 또한 애매모호합니다. 둘 다 반사회성 성격장애에 포함되는데 대체로 사이코패스는 1차성 저감정자, 소시오패스는 2차성 저감정자로 구분합니다. (저감정이란 감정에 둔하다는 의미입니다.)

    1차성 저감정자인 사이코패스의 특징 중 하나는 거짓말을 아무렇지도 않게 한다는 것입니다. 심지어 거짓말 탐지기에도 나타나지 않습니다. 그래서 사이코패스를 처음에는 양심박약이라고 부르기도 했습니다. 이유는 다른 사람과의 공감 능력과 고통에 대한 두려움이 없기 때문입니다. 이러한 특징 때문에 어떤 위험한 상황에서도 당황하지 않고 합리적으로 일을 처리하기도 합니다. 그러면서도 사회적 관계를 원하기 때문에 냉철한 판단력으로 치밀하게 자신을 위장하여 사이코패스라는 것을 들키지 않습니다.

    그런데 위의 특징은 높은 자리에 있는 사람에게 필요한 능력 같아 보입니다. 실제로 고위층일수록 사이코패스가 많다는 증거가 있습니다.

어느 장사꾼이 회사의 무인 판매대를 설치하여 상품에 대해 양심 껏 돈을 내게 했습니다. 그런데 일반 사원이 있는 낮은 층에서는 대 부분 돈을 내고 상품을 가져가는데 중역이 있는 고위층에서는 돈을 내지 않는 경우가 너무나 많아서 아예 고위층에는 무인 판매대를 치 워버렸다는 일화가 있습니다. 또 다른 연구에서는 사소한 게임이라 도 높은 자리에 있는 사람들이 훨씬 속임수를 많이 쓴다는 연구 결과 도 있습니다.

2차성 저감정자인 소시오패스는 공감도 못 할뿐더러 사회적 관계 도 원하지 않습니다. 그래서 성질이 급하고 충동적으로 행동합니다. 사이코패스와는 달리 조금의 양심이 있지만 충동적 행동은 제어하지 못합니다. 그리고 치밀하게 범죄를 계획하고 은폐하는 사이코패스와 는 달리 우발적으로 범죄를 저지르기 때문에 쉽게 들통이 나고, 들통 이 나면 끝까지 자기 합리화로 일관합니다. 그러면 사이코패스나 소 시오패스는 범죄를 저지를 수 있으니 미리 격리해야 할까요?

절대 그렇지 않습니다. 사이코패스나 소시오패스라도 자라나는 환 경이나 교육을 통해 충분히 사회적으로 정상적으로 활동할 수 있습 니다. 절대로 편견을 가져서는 안 됩니다. 그래서 교육이 중요한 것 입니다.

내로남불

내가 하면 로맨스, 남이 하면 불륜입니다. 이를 심리학에서는 행위자-관찰자 편향이라고 합니다.

운전하다 보면 이런 편향을 많이 경험하게 됩니다. 누군가 자기를 추월하면 당장 입에서 욕이 튀어나옵니다. 그러면서 그 운전자의 인

간성이 글러 먹었다고 생각합니다. 하지만 자신이 추월할 때는 생각이 달라집니다. 자신은 바쁜 일이 있으므로 추월할 수밖에 없다고 생각합니다.

자신의 행동은 어쩔 수 없는 상황 때문이고 타인의 행동은 그 인간의 천성 때문이라고 생각하게 됩니다. 이것이 사회로 확대되면 내집단 편향이 됩니다.

아인슈타인은 1922년 4월 6일 소르본 대학에 다음과 같은 내용의 편지를 씁니다.

"상대성 이론이 증명되면 독일은 나를 독일인이라고 할 것이고, 프랑스는 나를 국적을 떠난 위대한 사람이라고 할 것이다. 하지만 내 이론이 틀렸다고 증명되면 프랑스는 나를 독일인이라고 할 것이고 독일은 나를 유대인이라고 할 것이다."

내집단 편향은 필연적으로 외집단 동질성 편향을 낳습니다. 내집단이 다양한 만큼 외집단 또한 다양해야 할 텐데 외집단은 모두 같다고 여기는 것입니다. 자기 집단 외에는 관심이 없으므로 생기는 일입니다. 종교차별, 지역 차별, 인종차별 등이 다 이 때문에 생기는 것입니다. 내로남불이 아니라 역지사지易地思之해야 하겠습니다.

내로남불은 사자성어가 아닙니다. 비슷한 의미의 사자성어로는 아시타비(我是他非)가 있습니다.

사후판단 편향

콜럼버스의 달걀 이야기는 다 아실 것입니다.

콜럼버스가 아메리카 대륙을 발견하고 돌아오자 사람들이 서쪽으로 항해만 하면 누구나 발견할 수 있는 것이라고 수군거립니다. 그러자 콜럼버스는 사람들에게 달걀을 세로로 세워보라고 제안합니다. 사람들이 달걀을 세우는 데 실패하자 콜럼버스는 달걀 밑을 깨서 세웁니다. 사람들이 그것도 누구나 할 수 있는 일이라고 다시 수군거립니다. 그러자 콜럼버스는 누구나 할 수 있는 일이라도 처음에 시도하기는 대단히 어렵다고 그들을 면박 줍니다.

이처럼 어떤 일이 밝혀지면 '그것은 당연한 것'이라고 판단하는 것을 사후판단 편향hindsight bias이라고 합니다. 사후판단 편향은 시험을 보고 난 후 많이 나타납니다. 시험 중에는 알쏭달쏭 한 문제라도 시험을 치고 정답표를 보고 채점을 할 때는 모두가 이런 당연한 문제를 왜 틀렸을까 하고 후회합니다.

사후판단 편향은 더 심각한 문제도 가지고 있습니다.

위에 시험 얘기를 했는데 만약 정답표가 엉터리라면 알아차릴 수 있을까요?

정말로 답을 알고 있는 사람을 제외하고는 엉터리 정답표를 사실이라고 믿습니다. 참 인간 속여먹기 쉽습니다.

콜럼버스의 달걀은 실제로는 산타마리아 델 피오레 두오모 돔을 건설한 필리포 부르넬레스키의 일화입니다. 사실 이전에도 이와 비슷한 이야기가 전해져 내려옵니다. 하지만 실제로는 달걀 밑을 깨지 않아도 중심만 잘 잡으면 달걀 세울 수 있습니다.

방금의 이야기를 당연하다고 생각하시나요? 그렇다면 사후판단 편향에 빠진 것입니다. 그런데 달걀 밑을 깨지 않아도 중심만 잘 잡으면 달걀 세울 수 있다는 이야기는 사실일까요? 아닐까요?

확증편향

똑같은 양의 주스를 모양이 다른 컵에 따르고 나서 아이에게 아무 컵이나 가져다주면 아이는 틀림없이 자기 주스가 적다고 투덜거립니다. 어떻게 하면 될까요?

해답은 두 개의 컵 중 자기가 고르도록 하면 됩니다. 인간이란 자신이 한 선택을 지지하는 경향이 있습니다. 이를 선택 후 지지 편향이라 합니다. 사회심리학자 잭 브렘이 1956년에 발견하였습니다. 어찌 보면 자기합리화와 비슷합니다. 개인이 어떤 선택을 내린 후에 선택 당시에는 생각하지도 않았던 근거들을 찾아내서 자신이 선택이 옳았다고 판단합니다.

특히나 투표하고 난 후 이런 편향을 자주 볼 수 있습니다. 별생각 없이 투표하고서 제법 시간이 흐른 후 왜 그 후보를 뽑았냐고 하면 남에게 들은 이야기까지 보태서 자신이 제대로 판단했다고 주장합니다. 그리고 선택 후 지지 편향은 나이가 들수록 더욱 강해진다고 합니다.

이보다 더 심각한 편향은 확증편향입니다. 확증편향에 빠진 사람

들은 결론을 먼저 내려놓고 증거를 찾습니다. 예를 들어 어떤 정치인을 지지하는 사람이라면 그 정치인의 좋은 점만을 찾아냅니다. 반대로 어떤 정치인을 싫어하는 사람이라면 그 정치인의 나쁜 점만을 찾아냅니다.

한 정치인이 훨씬 지지율이 높았음에도 당선 가능성이 없는 사람에게 후보 자리를 양보합니다. 몇 년이 지나고 나니 당선된 사람의 지지자들은 "애초에 양보를 안 받았어도 당선되었을 것"이라고 얘기합니다. 이쯤 되면 더 이상 대화가 통하지 않습니다. 이런 사람을 만나면 애초에 말을 하지 않는 것이 좋습니다.

생존편향

인간은 목숨이 달린 일에도 논리적인 실수를 합니다.

2차대전 당시 미군은 해군 전투기 생존율을 높이기 위해 철갑을 둘러 안전성을 확보하기로 합니다. 너무 많이 두르면 비행기의 성능이 나빠지니 취약 부분에만 둘러야 했습니다.

미군은 전쟁터에서 귀환한 전투기 기체 어느 부위가 적탄을 많이 맞았는지를 조사했습니다. 조사 결과는 날개나 몸통 부위가 주로 총알에 맞았고 엔진 쪽은 맞은 부분이 적었습니다. 군에서는 총알을 많이 맞은 곳에 철갑을 두르기로 합니다.

하지만 실제로는 엔진에 철갑을 둘러야 합니다. 왜냐하면 조사를 했던 전투기들은 총알에 맞고도 살아남아 귀환한 기체이기 때문입니다. 다시 말해 총알이 집중된 부위는 곧, 그쪽을 총알에 맞아도 무사히 귀환할 수 있는 부위라는 뜻이지요.

통계학에서는 이 오류를 생존 편향이라고 합니다. 살아남은 것만 주목하고 실패한 것은 고려하지 않으면 생존 가능성을 잘못 판단하게 되는 의미입니다.

정신승리

요즘 흔히 쓰이는 정신승리라는 말은 중국 소설가 루쉰의 《아Q정전》에서 나온 정신승리법이라는 말에서 유래한 것입니다. 소설의 주인공인 아Q가 자주 사용합니다.

예를 들어 불량배에게 폭행당하면 '저 녀석들은 내 아들이다. 그러니까 나는 아들에게 맞은 것뿐이다'라고 생각합니다. 그러자 불량배들이 내가 왜 네 아들이냐며 너는 벌레라고 스스로 말하라고 합니다. 불량배가 간 후 그는 자기가 자기 경멸을 잘하는 제1인자이고, '자기경멸'이라는 말을 빼고 나면 남는 것은 '제1인자'이니, 자신은 '제1인자'라고 정신승리를 시전 합니다.

물론 소설에서는 아Q가 엄청 어리석게 나오지만 누구나 아Q처럼 정신승리법을 사용합니다. 프랑스 작가 로맹 롤랑은 아Q가 중국인에게만 해당하는 이야기가 아니라 현대인들의 또 다른 모습이라고 했습니다.

어찌 현대인만 그러겠습니까? 패배를 인정하기보다는 '정신'승리라도 하고자 하는 것은 인간의 기본적인 욕망인 듯합니다.

평균으로의 회귀

한때 《칭찬은 고래도 춤추게 한다》라는 책이 유행이었습니다.

하지만 정말 그럴까요?

운동부 감독이라면 경험을 통해 이 말이 거짓이라는 것을 알고 있습니다.

선수가 연습에서 자신의 평균보다 좋은 성적을 내면 칭찬을 해주고, 자신의 평균보다 나쁜 성적을 내면 야단을 칩니다. 그러면 다음 날 칭찬 받은 선수는 전날보다 성적이 떨어지고, 야단을 맞은 선수는 전날보다 성적이 올라갑니다.

칭찬은 오히려 역효과입니다. 그러면 이제부터는 칭찬하지 말아야 할까요?

그렇지는 않습니다. 사실 운동부 감독들은 '평균으로의 회귀'라는 통계학적 지식이 없다 보니 오류에 빠진 것뿐입니다. 평균으로의 회귀란 어떤 변수를 지속해 측정할 때, 이상 수치가 관찰되면 그다음에는 평균에 가까운 값이 측정되는 경향입니다. 어느 날 평균보다 높거나, 낮은 성적을 내었다 하더라도 그다음 날에는 다시 평균으로 돌아가기 마련입니다.

칭찬이나 꾸중보다 좋은 것은 조언입니다.

승리자의 위로

왕전즈(일본 이름:오 사다하루) 선수는 세계에서 가장 많은 홈런을 친 선수입니다. 사실 리그가 다른 MLB와 비교한다는 것은 전혀 의미가 없습니다만, 그런데 왕 선수는 특이하게도 홈런 세리머니를 하지 않습니다. 딱 한 번 756호 홈런을 치고 행크 에런의 기록을 깨면서 세계 통산 홈런 1위를 기록했을 때 자기도 모르게 환호한 적은 있습니다.

처음부터 그랬던 것은 아닙니다. 고교 시절에는 환호하며 루를 돌았다고 합니다. 그런데 그 모습을 본 아버지가 왕 선수에게 훈계하기를 "네가 하는 짓은 시체에 칼질을 하는 짓이다"라는 말을 듣고는 아무 말 없이 조용히 루를 돌게 되었다고 합니다.

물론 스포츠라는 것이 꼭 예의 바르게 행동해야만 하는 것은 아닙니다. 하지만 조용히 루를 도는 왕 선수의 모습은 참으로 모범적인 모습입니다.

그런데 말입니다. 투수로서는 '나를 완전히 무시하는군'이라고 생각할 수도 있지 않을까요? 승리자에게는 욕설마저도 칭찬으로 들리지만, 패배자에게는 위로마저도 빈정거리는 말로 들리는 법입니다. 남을 위로한다는 것은 참으로 어렵습니다.

공포증

특정한 대상에 극심한 공포를 느끼는 것을 공포증恐怖症, phobia이라고 합니다. 공포가 아니라 혐오를 느끼면 혐오증이라고 할 수 있습니다.

지구상에 있는 모든 물건이나 상황이 공포증의 대상이 됩니다. 혹시 나도 공포증인가 하고 걱정할 필요는 없습니다. 그냥 심하면 공포증이고 아니면 정상이라고 보시면 됩니다.

Achluophobia - 암흑 공포증

Aichmophobia - 첨단尖端 공포증

Automysophobia - 결벽증

Bacillophobia - 미생물 공포증

Bibliophobia - 책 공포증

Brontophobia - 천둥, 번개 공포증

Carnophobia - 고기 공포증

Cynophobia – 개 공포증

Driving phobia – 운전 공포증

Electrophobia – 전기 공포증

Entomophobia – 곤충 공포증

Hydrargyophobia – 약 공포증

Hypsiphobia – 고소 공포증

Judeophobia – 유대인 공포증

Liticaphobia – 고소告訴 공포증

Maieusiophobia – 출산 공포증

Rhypophobia – 배변 공포증

Scolionophobia – 학교 공포증

Vaccinophobia – 예방 접종 공포증

콤플렉스와 증후군

콤플렉스complex는 복잡하다는 의미입니다. 인간 심리는 여러 가지 감정이나 생각이 뒤섞여 있으므로 쉽게 정의할 수 없지만 그중에서도 두드러지는 심리를 콤플렉스라고 합니다. 콤플렉스는 복잡하다는 의미이니 참으로 적절한 이름이라 할 수 있습니다.

콤플렉스와 비슷한 의미로 사용되는 것이 신드롬syndrome입니다. 신드롬은 증후군症候群이라는 뜻으로 질병에 걸리면 나타나는 이상 상태를 말하는 증후症候가 무리 지어群 있는 것입니다. 정신에 관한 증후군이라면 콤플렉스와 같은 의미라고 볼 수도 있습니다.

그런데 이 콤플렉스나 증후군이라는 말은 의학 용어가 아닙니다. 오이디푸스나 엘렉트라 콤플렉스 등은 심리학자가 만든 용어입니다. 심지어 작가나 언론 혹은 재미로 붙여진 이름도 많습니다.

예를 들어 어린 여자를 좋아하는 남자를 흔히 로리타 컴플렉스라고 합니다. 로리타 콤플렉스는 나보코브가 1955년 지은 소설 《로리타》에서 따온 말로, 작가였던 러셀 트레이너가 《로리타 콤플렉스(1966)》

라는 책을 쓴 것이 시초이며, 이 책이 1969년 일본에 출간되며 로리타 콤푸렉스ロリータコンプレックス, 줄여서 로리콘ロリコン이라는 단어로 사용되게 됩니다.

로리타 콤플렉스와 반대되는 의미로 어린 남자를 좋아하는 여자를 나타내는 쇼타콘ショタコン이라는 말이 있습니다. 이 말은 일본 만화인 《태양의 사자 철인 28호》의 주인공 카네다 쇼타로에서 따온 말입니다. '로리콘'은 그나마 제법 알려졌지만 쇼타콘은 일본에서만 쓰이는 유행어 정도에 불과합니다.

증후군도 마찬가지입니다.

뮌하우젠 증후군은 정신과 의사가 명명한 것이지만, 영화〈태양은 가득히〉의 주인공 리플리처럼 자신이 지어낸 거짓말을 자신이 믿어버린다는 리플리 증후군은 한국에서만 사용되는 말입니다. 가려서 사용해야겠습니다.

오이디푸스 콤플렉스는 프로이트가 이름 지은 것으로 아들이 엄마를 좋아하고 아빠를 싫어하는 것을 말합니다. 엘렉트라 콤플렉스는 프로이트의 제자 융이 이름 지은 것으로 딸이 아빠를 좋아하고 엄마를 싫어하는 것을 말합니다. 둘 다 그리스 신화에서 따온 것입니다.

뮌하우젠

뮌하우젠 증후군은 신체적인 이상이 없음에도 불구하고 관심을 끌기 위해서 병에 걸렸다고 거짓말을 하거나 심하면 자해하는 것을 말

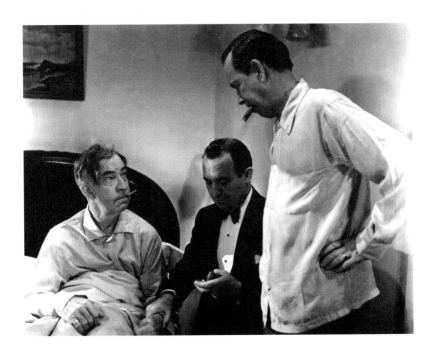

합니다. 1951년 미국의 정신과 의사인 리처드 애셔가 《허풍선이 남작의 모험》의 주인공 뮌히하우젠의 이름을 따서 지었습니다.

인터넷에서 자신이 죽을병에 걸렸다고 하여 다른 사람들로부터 막대한 기부금을 얻어내었는데 알고 보니 거짓말로 들통이 나서 사기죄로 고소까지 당한 사례가 있습니다. 다행인지 불행인지 법정에서 금전적 목적이 아닌 뮌하우젠 증후군에 따른 행동이었다는 이유로 무죄판결을 받았습니다. (미국의 사례입니다. 우리나라 아닙니다.)

이 증후군 자체도 상당히 심각하지만 '대리인에 의한 뮌하우젠 증후군'은 범죄입니다. '대리인에 의한 뮌하우젠 증후군'은 자신이 아픈 사람을 간호하는 모습을 보여 타인에게 보여 관심과 칭찬을 얻으려는 유형의 정신질환입니다.

스티븐 호킹 박사의 전처가 이 증후군을 가지고 있습니다. 호킹 박사는 전처에 의해 손목이 부러지고 목과 얼굴이 칼에 베이고 온몸에 멍이 들도록 구타당하였으며 40도 가까운 온도에 일부러 정원에 방치돼 있다가 열사병으로 의식을 잃기도 합니다.

그런데 호킹 박사는 오히려 전처를 두둔했다고 합니다. (스톡홀름 증후군?) 참으로 복잡한Complex 것이 인간의 마음입니다.

리플리와 아나스타샤

미남 배우 알랭 들롱을 전 세계에 알린 영화 〈태양은 가득히Plein soleil〉의 원작은 퍼트리샤 하이스미스의 《재능 있는 리플리 씨The Talented Mr. Ripley》입니다.

소설의 내용은 주인공 톰 리플리가 부자인 고등학교 동창생을 죽이고, 그 사람으로 위장하여 그 사람의 부를 차지하는 전개입니다. (영화의 결말은 소설과 다릅니다. 그리고 굉장히 충격적입니다. 꼭 보시기 바랍니다.)

이 소설의 주인공 이름을 딴 '리플리 증후군'이 있습니다. 리플리 증후군이란 현실을 부정하고 자신이 바라는 성공을 이룬 사람이나 환상을 동경하여 스스로를 그 사람이나 환상 속의 그 사람이라고 거짓말을 계속 반복하다가 결국 자신이 한 거짓말을 실제라고 믿게 되는 정신병을 말합니다.

역사적으로 이 증후군을 앓은 유명한 사람은 '안나 앤더슨'입니다. 스스로를 러시아의 마지막 공주 아나스타샤라고 주장합니다.

하지만 그녀는 폴란드 태생으로 본명은 프란치슈카 샨코프스카입니다. 독일 법원에서 아나스타샤 공주가 아니라고 판결받았는데도 불구하고 미국으로 건너가 자신이 아나스타샤 공주라고 끝까지 주장합니다. 심지어 그녀의 자식들은 그녀의 말을 믿고 유전자 감식까지 할 정도로 철저히 행동합니다. 실제 아나스타샤 공주는 니콜라이 2세 일가와 함께 1918년에 총살당해 죽었으며, 러시아에서 니콜라이 2세 일가의 유해를 발굴하고 유전자 검사로 검증까지 거쳤습니다.

만약 안나 앤더슨을 거짓말 탐지기로 검사해도 거짓말이라는 것을 밝혀내지는 못했을 것입니다. 스스로를 아나스타샤라고 믿고 있으니 말입니다. 지금도 안나 앤더슨이 아나스타샤라고 믿고 있는 사람도 있습니다.

이러한 리플리 증후군은 자신뿐 아니라 다른 사람에게도 큰 피해를 줍니다. 그중에서도 자신을 메시아나 미륵이라고 믿게 되면 상황은 대단히 심각해집니다.

소설 속의 리플리는 리플리 증후군이 아닙니다. 자신이 거짓말을 하고 있다는 것을 스스로 알고 있습니다. 리플리 증후군이 아니라 사이코패스입니다.

물론 사이비 종교에 걸린 사람들 처지에서는 교주가 리플리 증후군이거나 사이코패스이거나 별반 다를 것이 없습니다.

영화 증후군

〈존 말코비치 되기〉라는 영화가 있습니다. 이 영화 도중에 참으로 기괴한 장면이 나옵니다. 존 말코비치가 자신의 의식으로 들어갑니다. 그러자 세상의 모든 인간이 남녀노소 가리지 않고 모두 말코비치로 보입니다.

실제로 이러한 증상이 존재합니다. 카그라스 증후군이라고 합니다.

1923년 프랑스의 정신병학자 조제프 카그라와 르볼라쇼 박사가 처음 보고한 정신병인데 주변의 친구, 배우자, 가족들이 본인이 아니라 본인과 똑같이 생긴 사람으로 뒤바뀌어 있다고 믿거나 자신과 똑같이 생긴 분신이 있다고 믿는 증상입니다.

이와 정반대의 증상으로는 무대에서 빠르게 변장하는 능력으로 유명했던 이탈리아 연극배우 레오폴드 프레골리의 이름에서 유래한 프레골리 증후군이 있습니다. 프레골리 증후군은 한 사람이 다른 여러 사람의 모습으로 변장하여 자신을 괴롭힌다고 믿는 증상입니다. 〈아노말리사〉라는 영화의 주인공이 가지고 있는 병입니다. 처음 이 영화

를 보았을 때 주인공을 제외한 다른 사람들의 목소리가 모두 똑같아서 영화가 잘못된 줄 알았습니다.

그런가 하면 아예 자기 안에 외계인이 들어있다고 느끼는 병도 있습니다. 외계인 손 증후군이라고 하는데 한쪽 손이 자신의 의지와는 전혀 상관없이 움직이는 증상입니다. 〈닥터 스트레인지러브〉에 나오는 스트레인지러브 박사가 가진 증상입니다.

그런데 이보다 더 심각한 증후군으로는 코타르 증후군이 있습니다. 코타르 증후군을 앓고 있는 환자는 자신이 죽었다고 생각합니다. 즉 자기 자신이 좀비라고 믿습니다.

스톡홀름 증후군과
리마 증후군

1973년 스톡홀름 크레딧방켄 은행에 침입한 4명의 무장 강도들이 은행 직원들을 인질로 잡고 6일 동안 경찰들과 대치한 사건이 있었습니다. 그런데 범인들이 체포된 후 인질들이 이상한 반응을 보입니다. 인질 중 일부가 범인을 변호하고 증언을 거부하는 것입니다. 이 현상은 '스톡홀름 증후군'이라는 이름이 붙습니다. 이러한 증후군이 생기는 이유는 다음과 같습니다.

자신의 목숨이 걸린 위급한 상황에서 자신에게 호의를 베푸는 범인에게 복종해 생명을 보존하기 위한 무의식적 행위라는 설명과 스트레스 상황에서의 신체적 반응인 긴장, 발한, 심박수 증가 등을 좋아할 때 느끼는 신체적 반응으로 뇌가 잘못 인식해 범인을 좋아한다는 착각을 일으킨다는 설명이 있습니다.

이 증상이 심각해지면 범죄자와 공범이 되기도 합니다.

미국 언론 사장의 딸이었던 패티 허스트는 납치된 후 오히려 납치범들과 함께 은행 강도를 하기도 했습니다. 참으로 비참한 일이 아닐

수 없지만 의외로 자주 일어납니다. 가정폭력에 시달리면서도 부모나 배우자를 감싸는 경우가 대표적입니다. 독재국가에서는 국가 단위로 일어나기도 합니다. 독재자를 몰아내고는 나라가 불안해지면 '그때가 좋았는데'라며 독재자를 그리워하기도 합니다. 멀리 갈 것도 없이 우리나라에서 많이 일어나는 일입니다.

스톡홀름 증후군의 정반대 증상이 리마증후군입니다.

1996년 12월 페루 리마에서 발생한 일본 대사관저 점거 인질 사건에서 유래합니다. 당시 대사관을 점거한 범인들이 인질들에게 동화돼 자신들의 신상을 털어놓고 인질들이 가족들과 연락하도록 하고 의약품과 의류 반입 등을 허용하는 현상을 보였습니다.

페루 주재 일본대사관 인질 사건을 해결한 사람은 당시 페루 대통령이었던 알베르토 후지모리입니다. 당시 후지모리의 인기는 하늘을 찌를 듯 높았으며 그의 조국인 일본까지도 덩달아 인기가 높았습니다.

하지만 3선을 위해 헌법을 무시하면서까지 출마하고, 부정선거로 대통령이 된 후에 망명합니다. 결국 망명지인 일본에서 페루로 압송되어 구속됩니다.

10장

사기와 기만

거짓말 탐지기

성경 민수기 5장에 아내의 부정을 판별하는 아주 흥미로운 방법이 나옵니다.

아내의 부정이 의심되면 제사장에게 데려갑니다. 그러면 제사장이 아내에게 '쓴 물'을 마시게 하는데, 만약 아내가 부정했다면 큰 고통을 받을 것이고 아니라면 아무 이상이 없을 것이라고 기록되어 있습니다.

그런데 아쉽게도 쓴 물을 어떻게 만드는지는 나와 있지 않습니다. 하지만 제 생각에는 쓴 물 자체가 거짓말이 아닌가 하는 생각이 듭니다. 제사장의 권위와 쓴 물에 대한 믿음 때문에 쓴 물을 마시기도 전에 자백하지 않았을까 합니다. 아니면 쓴 물에 대한 믿음이 스스로 최면을 걸어 효과가 나오는 것일 수도 있습니다.

조선시대 궁녀가 되려면 앵무새 피로 처녀성을 검사하게 됩니다. 앵무새 피를 팔뚝에 떨어트려 피가 흘러내리면 처녀가 아니라고 판별합니다. 이것도 스스로 처녀가 아닌 사람은 긴장이나 두려움으로 자기도 모르게 팔을 떨다 보니 피가 흘러내리는 것이 아닐까 싶습니다. 굳이 앵무새 피를 이용하는 이유는 '뭔가 있어 보이니까'입니다.

나름 과학적인 근거가 있는 방법도 있습니다. 고대에는 상대방을 심문할 때 달군 쇠를 입속에 잠깐 집어넣기도 했습니다. 사람이 거짓말을 하게 되면 침이 마릅니다. 그래서 거짓말할 때 자기도 모르게 입에 침을 바르게 됩니다. 혀가 침으로 젖어있을 때는 뜨겁게 달군 쇠를 가져다 대어도 데지 않습니다. 반대일 때는 저절로 거짓말에 대한 처벌이 됩니다.

인간의 몸이란 거짓말을 하게 되면 어딘가에서 반응이 나타납니다. 즉 거짓말을 해도 스스로는 속일 수가 없다는 얘기입니다. 게다가 미신에 대한 믿음까지 더해져서 나름대로 효과가 있는 방법들입니다.

거짓말 탐지기의 원리도 마찬가지입니다. 거짓말 탐지기는 혈압, 맥박, 눈동자의 움직임, 뇌파 등등의 변화를 감지해서 거짓말을 판별하는 기계입니다. 그러나 사이코패스, 리플리 증후군, 공상허언증 등의 사람에게는 제대로 탐지가 되지 않습니다. 그래서 거짓말 탐지기의 결과는 법원에서 증거로 사용되지도 않습니다.

수맥

수맥이란 지하수의 흐름을 말합니다. 이 수맥이 건물이나 우리 몸에 안 좋은 영향을 준다고 합니다. 수맥이 흐르는 곳에서는 건물에 수직으로 균열이 생긴다고 합니다. 또한 사람에게는 건강에 악영향을 미친다고 하지요. 그래서 다우징로드나 오링테스트 등으로 수맥을 찾아내고 동판 등으로 덮어서 수맥파를 차단합니다. 그런데 이게 사실일까요?

우선 지하에 물이 흐르는 것이 가능하냐는 것부터 따져봐야 합니다. 물이라는 것은 높이 차이가 있을 때 흐르는 것입니다. 지하는 높이 차이가 없기 때문에 흐르는 것 자체가 불가능합니다. 고여있다가 지표면 밖으로 나오는 것이지요.

그리고 물의 흐름이 건물에 영향을 준다면 물이 계속 들락거리는 베네치아의 건물은 이미 오래전에 다 붕괴하여야 맞습니다. 베네치아는 바닷물이라 그렇다면 태국 등에 있는 수상 가옥들은 어떻게 설명할 수 있을까요?

그리고 수맥을 찾아내는 것은 가능할까요? 수맥이라 하면 풍수지리와 연관되어 우리나라에서 오래전부터 있었으리라 생각하는 분들도 있지만 수맥 찾기는 서양에서 유래된 것입니다. 외국에서는 수맥 찾기를 다우징이라고 합니다. 다우저들이 다우징로드로 찾아냅니다.

왜 그런지는 모르지만 신부님들이 이런 일을 하는 경우가 많습니다. 그런데 전문적인 다우저가 있다는 것은 또 다른 의문을 낳습니다. 건물이나 사람의 건강에 피해를 줄 정도의 힘이 있는 수맥파를 왜 일반인들이 감지를 못하는 것일까요? 그리고 정말 감지하는 것은 맞을까요?

사실 인간의 몸에는 수맥보다 더 강력한 맥이 있습니다. 바로 혈맥血脈이지요. 있는지 없는지도 모를 수맥이 확실하게 존재하는 훨씬 강력한 혈맥을 뚫고 몸에 영향을 준다는 것은 어림없는 소리입니다.

위에서도 얘기했듯이 인간은 물 위에서도 얼마든지 살아갑니다. 바다 위에 떠 있는 배에서 몇 년씩 사는 선원도 있습니다. 수맥 같은 거짓말에 현혹되지 않기를 바랍니다.

두뇌 10% 사용설

두뇌 10% 사용설은 상당히 널리 퍼진 속설입니다. 좀 더 나아가 뇌를 100% 사용하면 초능력을 쓸 수 있다든가라는 얘기도 있습니다. 정말로 근거가 있기는 할까요?

요즘은 뇌를 정밀하게 검사할 수 있는 많은 도구가 있습니다. 이런 도구들을 이용하면 현재 뇌 사용량도 알 수 있습니다. 그래서 실제로 검사를 해보면 무언가 작업을 할 때는 뇌의 여러 부분이 활성화됩니다. 물론 두뇌를 한 번에 100%를 사용하는 경우는 없습니다.

이를 컴퓨터의 CPU에 빗대어 설명하자면, CPU의 모든 부분을 사용하기는 하지만 한순간에 모든 부분을 전부 사용하지 않는 것과 같습니다. 실제로 그랬다가는 CPU 고장 납니다. 인간의 두뇌라면 뇌출혈이 생길지도 모르겠습니다. 어렵고 힘든 일을 할 때는 더 많은 부분을 사용할 것이고, 명상이나 불교의 참선 등을 한다면 더 적게 활성화되겠죠. 그리고 여러분들의 생각과는 달리 능숙하게 일을 처리할수록 뇌를 더 적게 사용합니다.

뇌가 학습을 한다는 것은 더하기가 아니라 빼기입니다. 생각은 뇌 속에 있는 시냅스가 연결되어 일어나는 작용입니다. 시냅스가 연결될 수 있는 수많은 조합 중 유용하고 필요한 것만 제외하고 나머지 연결을 모두 차단하는 것이 학습입니다. 마치 조각가가 돌멩이에서 불필요한 부분을 쪼아내서 작품을 만드는 것과 같습니다.

어린아이들이 라면 시냅스들이 계속 새로운 연결을 만들기 때문에 뇌 사용량이 어른보다 훨씬 많습니다. 그런다고 어린아이들이 초능력을 가진 것은 아닙니다.

'10% 뇌 사용'을 다른 관점에서 바라볼 수도 있습니다. 사고 때문에 뇌의 특정 부분이 손상을 입으면 뇌의 다른 부분이 그 부분이 하는 일을 대신하게 됩니다. 이를 '뇌가소성'이라고 합니다. 마치 예비로 쉬고 있던 부분이 활성화된다는 인상을 받을 수도 있지만, 쉬고 있는 부분은 없습니다. 비유하자면 회사에 한 부서가 없어지니 다른 부서에서 업무를 맡아가는 것과 같습니다. 결론은 우리는 이미 두뇌를 100% 사용하고 있으며, 뇌 속에 우리가 모르는 힘이 숨겨져 있지 않다는 것입니다.

바이오리듬

바이오리듬은 인체에 신체, 감성, 지성의 세 가지 주기가 있으며 이 주기의 조합에 따라 개인의 능률에 차이가 난다는 주장입니다.

좀 더 자세히 알아보면 신체 주기는 23일, 감성 주기는 28일, 지성 주기는 33일이고 주기가 최고점(+)이나 최저점(−)에 있을 때가 아니라 가장 심하게 변하는 0점일 때 능률이 떨어진다고 합니다. 이러한 주기는 태어날 때 0에서 시작해서 죽을 때까지 계속된다고 합니다.

의외로 역사가 상당합니다. 19세기말 독일의 이비인후과 의사 빌헬름 프리츠가 열병의 발생을 연구하면서 인체에 23일과 28일 주기가 있다고 주장 했고 알프레드 텔쳐가 그의 학생들을 연구하여 지성 주기를 주장했습니다.

이 바이오리듬은 1980년대에 크게 유행했습니다. 전자사전이나 계산기 등에 생년월일을 입력하면 바이오리듬을 보여주는 프로그램이 있었습니다. 심지어 비디오플레이어에도 이런 프로그램이 들어있기도 했습니다. 실제로 운동선수들이 바이오리듬을 보고 출장을 결정하기도 하고, 대한민국 공군에서는 2010년대 초까지도 조종사들의 비행 일정 작성 시 사용했다고 합니다.

바이오리듬은 생년월일로 운명을 예측하는 사주팔자와도 묘한 연관성이 있습니다. 생년월일이 같으면 바이오리듬이 같습니다. 그리고 바이오리듬이 전부 0이 되는 때는 약 58년 이후입니다. 이 또한 60년 단위로 돌아오는 갑자와 비슷하게 맞아떨어집니다. (갑자는 일년을 세는 단위로 60개가 있습니다. 60년이면 원래 갑자로 돌아옵니다. 이를 환갑이라 합니다.) 그리고 감성 주기인 28일은 여성의 생리 주기와 맞아떨어집니다.

하지만 바이오리듬은 완전 거짓말입니다. 1979년 심리학자 테렌스 하인즈는 바이오리듬을 연구한 13편의 논문을 조사했습니다. 그런데 자동차, 항공기, 공장에서의 사고 등 2만 5천 건 중 바이오리듬의 효과가 전혀 나타나지 않았습니다. 이미 1979년 엉터리로 검증되었던 것을 우리나라에서는 80년대에 사용한 셈입니다.

이제는 바이오리듬 열기가 완전히 시들어서 찾아보기 힘들어졌으니 그나마 다행입니다. 사실 바이오리듬이 유용한 용도로 쓰이는 경우는 시험이나 작업을 망친 사람들이 변명거리로 사용할 때뿐입니다.

인지 부조화

미스터리 서클은 1978년 영국의 사우햄프턴에서 처음 발견됩니다. 전날까지 멀쩡하던 곡물 밭에 밤사이 공중에서 봐야지만 전체적인 모습을 알 수 있을 정도로 거대한 지상화가 그려져 있으니 참으로 미스터리합니다.

그래서 한때 퍼졌던 가설이 UFO입니다. UFO가 우리에게 무언가 신호를 주고 있다는 것입니다. 하지만 무슨 이상한 일만 있으면 '이 모든 것이 UFO 탓이다'라고 하는 것은 참 무책임한 일입니다. 누군가가 아주 적절한 얘기를 했습니다.

"과거에는 요정, 악마, 신이 했다는 일을 현재에는 UFO의 탓으로 돌린다."

그러면 미스터리 서클은 왜 만들어지는 것일까요? 이건 미스터리도 아닙니다. 인간이 재미 삼아 만든 것입니다. 처음 발견된 미스터리 서클도 더그와 데이브라는 60대 노인들이 만든 것입니다.

더그는 데이브에게 미스터리 서클을 만들어 UFO 신봉자들을 놀려주자고 제안합니다. 그리고 쇠막대기와 두꺼운 널빤지, 밧줄을 사용하며 미스터리 서클을 만듭니다. 그리고 여기에 수많은 사람이 낚여버립니다.

나중에는 자신들의 소행임을 증명하고자 1991년 7월 영국의 이스트메온에서 존 맥니시라는 미스터리 서클 연구자 앞에서 직접 미스터리 서클을 만들기까지 했습니다. 이때 만들었던 미스터리 서클은 전문가들로부터 '인간이 만든 것이 아닌 진짜 미스터리 서클'이라는 평을 받습니다. 특히 연구가 죠지 윙 필드는 "이 미스터리 서클은 진짜이며 미스터리 서클을 자신들이 만들었다고 주장하며 은퇴한 더그와 데이브의 증언이 잘못된 것임을 밝히는 증거다"라고까지 합니다.

심리학에는 '인지부조화 이론'이라는 것이 있습니다. 자기가 믿던 것이 거짓으로 판명 나면 오히려 신념이 더욱더 단단해집니다. 아무리 반박을 하여도 믿지 않겠지만 이른바 미스터리 서클 연구자들이 주장하는 증거를 하나씩 반박해 보겠습니다.

? 눈앞에서 수수께끼의 구체가 미스터리 서클을 만들었다거나 불과 몇 초 사이에 만들어진 것을 목격한 사람들이 있다.

! 목격자도 없고 증거도 없습니다.

? 미스터리 서클 주변에선 사람의 발자국이 발견되지 않는다.

! 발자국을 남기지 않는 방법에는 가는 선을 밟거나 넘어뜨린 곡물을 밟는 등의 여러 가지 방법이 있습니다.

? 밤사이에 불빛도 없이 만드는 것은 불가능하다.

! 1991년 7월에 만들어 진짜로 감정받았던 미스터리 서클의 경우 보름 달 빛만으로 밤사이에 만들었습니다.

? 미스터리 서클의 작물이 접히지 않고 구부러져 있으며 이후에도 성장을 계속한다.

! 더그와 데이브가 작업을 할 때 꺾이지 않도록 살살 작업했기 때문입니다.

? 진짜 미스터리 서클에서는 방사선이 검출되고 있다.

! 방사선은 어디에나 존재합니다. 바나나에서도 방사선이 나옵니다.

? 미스터리 서클 주변에서 정체불명의 소리가 들린다.

! 꾀꼬리 소리입니다.

지금은 수많은 사람이 재미 삼아 미스터리 서클을 만들고 있습니다. 그럼에도 불구하고 UFO의 소행이라고 믿고 싶다면 어쩔 수 없는 일입니다.

저는 UFO나 외계인이 100% 없다고는 생각하지 않습니다. 다만 그들이 우리 눈에 띌 만큼 허술하지 않다고 생각합니다. 현재 인간의 기술로도 얼마든지 정체를 숨길 수 있습니다. 스텔스 전투기, 무소음 잠수함에 이제는 투명 전차까지 나오고 있습니다. 그런데 인류보다 몇백 배는 진보한 외계인들이, 심지어는 자동차로 옆 동네 가듯이 행성 간 여행을 하는 외계인들이 인류의 원시적인 기술에 들키기가 오히려 더 어려울 것 같습니다.

물론 예외는 있습니다.

1947년 7월 3일 뉴멕시코 주의 로스웰에 UFO가 추락한 적이 있습니다. 어떤 사람들은 51 구역에 UFO와 외계인을 숨겼다고 하지만 그것은 사실이 아닙니다. Area 51은 언론을 따돌리기 위한 기만술이고 실제로는 후버댐 아래에 숨겨놓았습니다. 외계인들도 죽지 않았습니다. 지금도 계속 고문당하면서 외계의 첨단 기술들을 뱉어내고 있습니다. 그 덕분에 미국이 최강국이 된 것입니다. 이에 자극받은 소련은 언제든지 자국 영토에도 UFO가 추락하기를 기다립니다. 그리고 1968년 소련 스베르들로프스크에 UFO가 추락합니다.

소련 당국은 재빨리 UFO와 외계인을 회수하여 근처의 비밀기지에 숨깁니다. 그리고 소련의 최고 언어학자들로 팀을 구성합니다. 일단은 말이 통해야 정보를 얻어낼 수 있을 테니까요. 그렇게 3달이 지나서 드디어 외계인과 의사소통할 수 있게 되었습니다. 책임감독관이 외계인과 대화합니다.

"너희들의 기술을 전수해 달라. 그러면 너를 살려주겠다."

이 말에 그 외계인이 답을 합니다. "아저씨, 저 문과예요."

오파츠

오파츠Out-of-place artifacts, OOPARTS는 역사학적, 고고학적, 고생물학적으로 불가능해 보이거나 비정상적으로 보이는 물체를 말합니다.

이집트 덴데라 신전 벽화에는 아주 희한한 그림이 그려져 있습니다.

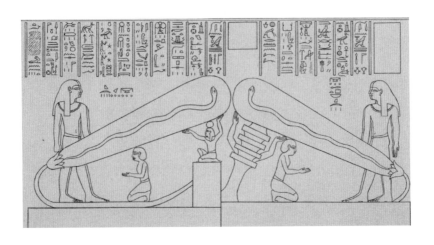

아무리 봐도 전구 같습니다. 그렇다면 오파츠로군요. 정말로 전구일까요?

초고대문명설과 외계문명기원설의 전도자로 유명한 '에리히 폰 데니켄'은 이것이 전구라고 주장합니다. 그리고 그 증거로 신전 내부에는 산소가 부족하여 횃불을 사용할 수가 없고 횃불을 사용할 때 발생하는 그을음도 발견되지 않았다고 주장합니다.

데니켄의 주장을 잠시 미뤄두고 과연 고대에 전기를 발생시킬 수 있는 장치가 있었는지부터 먼저 따져보겠습니다. 전기를 일상적으로 사용한 것은 비교적 최근이기 때문에 고대에는 전기를 사용하지 않았을 것 같지만 뜻밖에도 수천 년 전에 이미 전지가 있었습니다.

1936년, 이라크 바그다드 근처의 호야트럽퍼란 오래된 마을에서 작은 항아리 하나가 발견됐습니다. 이 토기는 2000년 이상 된 것으로, 그 안에 구리와 철로 된 막대가 들어있었고 막대기는 산성 물질에 의해 부식돼 있었습니다. 전지에 대해 상식이 있는 분이라면 이것이 전지라는 것을 직감하셨을 것입니다. 실제로도 항아리에 산성의 포도즙을 넣었더니 1볼트 정도의 전기가 발생했습니다. 사실 전지를 만드는 것은 매우 간단합니다. 과일로도 만들 수 있습니다. 그렇다면 전구도 만들 수 있지 않았을까요?

절대로 그렇지 않습니다. 에디슨도 전구 만들기에 수백 번이나 실패합니다. 우선 전구를 만들 유리와 그 속을 진공으로 만드는 것 자체가 상당히 어렵습니다. 그 안에 들어갈 필라멘트는 말할 것도 없습니다. 더구나 앞의 벽화에 나오는 크기의 전구는 현대 기술로도 만들기 어렵습니다. 여기서 데니켄의 주장을 다시 살펴보겠습니다.

데니켄은 산소가 부족해서 횃불을 사용할 수 없다고 했는데, 횃불을 사용할 수 없을 정도면 숨도 쉬지 못합니다. 더구나 신전은 밀폐된 장소가 아닙니다.

그리고 그을음이 없다고 했는데, 데니켄이 못 본 것인지 알고도 무시한 것인지는 모르겠지만, 실제로는 그을음이 분명히 남아있습니다. 그렇다면 위에 전구처럼 보이는 것은 과연 무엇일까요? 위의 사진을 자세히 보면 필라멘트로 보이는 부분이 사실 뱀이라는 것을 알 수 있습니다.

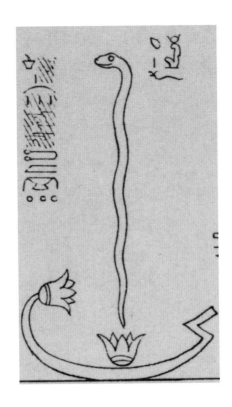

실제로 이 부조는 이집트의 신화를 표현한 것입니다.

"태초의 바다인 '누(바다)'로부터 수련이 피어오르고, 그 수련으로부터 이집트 최초의 신인 '태양(바다뱀, 아툼)'이 태어난다. 태양은 하늘(누트)의 보호를 받아 성장하고 동에서 남으로 서로 향한다. 그리고 서편에 도달한 태양은 누트의 몸으로 돌아가 죽음을 맞이한다. 그리고 이 순환을 영원히 반복한다."

결국 과거의 물건을 현재의 인식에 맞추려고 하므로 생기는 오류입니다.

파레이돌리아

1964년 무인 화성 탐사 마리너 1호는 화성의 사진을 여러 장 찍었습니다. 그런데 그중에 놀랄 만한 사진이 하나 들어있습니다.

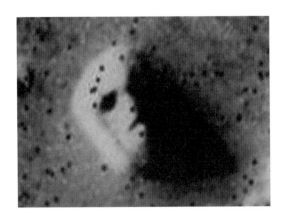

중앙에 사람 얼굴 같은 것이 보입니다. 이 사진 때문에 화성에 고대 문명이 존재했다느니 외계인이 살고 있다느니 온갖 소문이 돌아다닙니다.

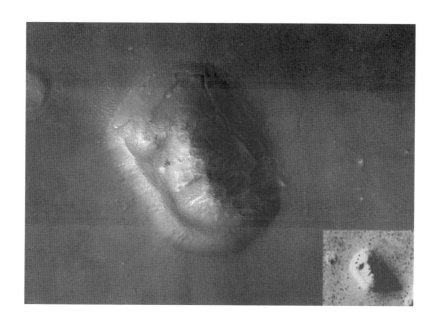

2005년 8월 12일에 발사되어 2006년 3월 10일 화성 궤도에 진입한 화성 정찰위성MRO; Mars Reconnaissance Orbiter이 훨씬 선명한 사진을 찍어 보내자 인면암의 정체가 밝혀집니다.

그냥 언덕입니다. 대충 비슷한 것이 같은 것으로 보이는 현상으로 파레이돌리아Pareidolia, 變像症라고 합니다.

그런데 정체가 밝혀지자 그동안 화성 인면암을 철석같이 믿고 있던 사람들에게 인지부조화가 일어납니다. 그래서 이 사람들은 나사가 실체를 감추려고 조작했다고 주장합니다. 이런 사람들에 대한 대처는 다음과 같습니다.

"믿고 싶은 대로 믿어라. 그런데 나한테는 믿으라고 하지 마!"

11 장

인 간

조 종

가스라이팅

조지 큐커가 감독하고 샤를르 보와이에가 잭, 잉그리드 버그만이 폴라 역을 맡아 1944년 개봉한 〈가스등〉이라는 영화가 있습니다. 내용은 다음과 같습니다.

잭은 폴라의 이모가 가진 보석을 훔치기 위해 그녀를 살해합니다. 하지만 보석을 찾지 못하고 20년 후, 이모의 유산을 물려받은 폴라와 결혼합니다. 잭은 폴라를 꼬드겨 이모의 짐을 모두 다락방에 두도록 하고 폴라 몰래 다락방으로 가서 짐을 뒤져 보석을 찾으려고 합니다. 하지만 보석을 찾기 위해 가스등을 켜면 집안 전체의 불이 어두워지고 움직이면 발소리가 나기 때문에 폴라가 눈치를 챌 위험이 있습니다. 이 때문에 잭은 폴라가 눈치채지 못하게 하려고 자신을 불신하도록 계략을 짭니다.

브로치를 선물하고는 몰래 다시 훔쳐서 폴라가 스스로를 정신없는 여자로 생각하도록 하고 가정부와 비교하면서 자존심을 깎아내립니다. 외출이나 다른 사람과의 만남을 못 하게 하여 외부로부터의 정보를 차단합니다. 물건을 폴라 몰래 주위에 숨겨놓고 잃어버린 폴라에게 덤터기를 씌웁니다. 이렇게 반복되는 잭의 계략에 폴라는 자신을 불신하게 되고 가스등이 어두워지고 다락방에서 발소리가 나도 자신이 잘못 보고 잘못 들은 것으로 생각하게 됩니다.

이 영화의 원작은 패트릭 해밀턴이 연출한 1938년 〈가스등〉이라는 연극입니다. 이 연극에 감명받은 심리치료사 로빈 스턴이 2007년 《The Gaslight Effect: How to Spot and Survive the Hidden Manipulation Others Use to Control Your Life》라는 책을 쓰면서 가스라이팅Gaslighting이라는 말이 생겨납니다

누군가 가스라이팅을 한다는 느낌이 든다면 다음처럼 하기 바랍니다. 당사자나 당사자와 관련성이 전혀 없는 제삼자들의 의견을 들으십시오. 다른 사람을 믿지 말고 자신을 믿으십시오. 논리적으로 생각하고 용기 있게 행동하십시오.

플라세보 효과와
노시보 효과

아무 효과도 없는 약을 특효약이라고 속이고는 처방을 했더니 정말로 병세가 호전되는 경우가 있습니다. 이를 플라세보 효과Placebo effect, 번역해서는 가짜 약僞藥(위약) 효과라고 합니다. 그런데 나아졌다는 것은 개인의 믿음일 뿐 실제로는 나아지지 않는 경우도 많습니다. 간혹 가짜 약을 먹고는 병이 호전되거나 나았다는 이야기가 있습니다. 그런 경우는 가짜 약을 안 먹어도 낫는 자연치유일 뿐입니다. 만약 플라세보 효과가 정말로 있다면 약이 필요 없을 것입니다.

플라세보 효과와 비슷한 것으로 피그말리온 효과가 있습니다. 교육심리학에서 교사가 학생들이 우등생이라고 믿고 기대하면 실제로 학습자의 성적이 향상되는 것을 말합니다.

피그말리온은 조각가로 자신이 조각한 여성상을 진심으로 사랑하여 조각상이 진짜 여자가 되기를 빌었더니 아프로디테가 조각상을 인간으로 만들어 주었다는 그리스 신화에서 따온 효과입니다. 실제로 효과가 있는지는 의문이지만, 교사라면 끝까지 학생을 당연히 믿어야 합니다.

하지만 플라세보 효과의 반대인 '노시보 효과'는 실제로 병세를 악화시킵니다. 아무런 부작용도 없는 약을 항암제라고 속이고는 처방했더니 없던 부작용이 생기는 경우가 실제로 있습니다. 간혹 플라세보 효과는 효과가 없는데 왜 노시보 효과는 효과가 있느냐고 의문을 가지는 분들도 있습니다.

그 이유는 다음과 같이 설명할 수 있습니다.

정상 상태의 가전제품에 충격이 가해지면 비정상 상태가 되지만, 비정상 상태에서는 충격을 가해도 정상상태가 되지 못합니다. TV를 발로 차면 고장 나지만, 고장 난 TV를 발로 찬다고 정상으로 돌아오지 않는 것과 마찬가지입니다.

아무튼 만병통치네 뭐네 떠들어대는 약은 먹지 않는 것이 좋습니다. 오히려 안 먹어도 나을 병이 낫지 않게 될 수가 있습니다.

영국의 극작가 조지 버나드 쇼는 피그말리온 신화를 바탕으로 1912년에 〈피그말리온〉이라는 희곡을 창작하였고, 1913년 초연되었습니다. 폭발적인 인기 때문에 미국에서 〈마이 페어 레이디〉로 각색되어 1956년부터 브로드웨이에서 공연되었습니다. 이 공연 또한 엄청나게 성공하자 1964년 오드리 헵번 주연 뮤지컬 영화로 만들어집니다.

가도멸괵과 소탐대실

도요토미 히데요시가 조선을 공격한 명목 중 하나가 중국을 공격할 테니 길을 빌려달라는 것이었습니다. 그러자 조선은 이는 가도멸괵 假途滅虢의 계책이라며 거부합니다. 가도멸괵이란 '길을 빌려 괵나라를 멸망시킨다'는 뜻입니다. 유래는 다음과 같습니다,

진晉 헌공이 괵虢나라를 치기 위해 옆에 있는 우虞나라에 길을 빌려달라고 부탁합니다. 그러면서 선물로 말과 옥구슬을 주겠다고 합니다. 이때 신하인 궁지기가 간합니다.

"괵은 우리의 담장과 같습니다. 괵이 망하면 우리도 함께 망할 것입니다. 덧방나무와 바퀴는 서로 의지하며, 입술이 없으면 이가 시린 법입니다."

하지만 선물에 욕심이 난 우나라 왕은 결국 진의 부탁을 받아들입니다. 결국 궁지기의 말대로 진은 괵을 멸망시키고 돌아오는 길에 우나라마저 멸망시킵니다. 선물로 주었던 말과 옥구슬은 당연히 진나라가 회수합니다.

그런데 인간은 역사에서 아무것도 배우지 못하고 실수를 반복합니다. 300년 후 똑같은 일이 반복됩니다.

중국 춘추전국시대 진나라秦 혜왕惠王은 이웃 나라인 촉나라蜀를 공격하려고 합니다. 이때 진나라는 촉왕이 욕심 많은 사람이라는 것을 이용합니다. 혜왕은 소를 조각해서 그 속에 황금과 비단을 채워 넣고 촉왕에게 우호의 예물로 보낸다는 소문을 퍼뜨립니다. 이 소문을 들은 촉왕은 함정일지 모른다고 반대하는 신하들의 간언을 무시하고 예물을 받아들이기로 결정합니다. 촉왕이 대문 밖으로 사신을 영접하러 나오자, 사신으로 위장한 군사가 촉왕과 대신들을 모조리 잡아버리고 대기하고 있던 15만 진군을 출동시켜 촉나라를 함락시킵니다.

위의 일이 작은 것을 탐내다가 큰 것을 잃는다는 의미의 사자성어 소탐대실小貪大失의 유래입니다. 인간을 조종하는 가장 쉬운 방법은 욕심으로 꾀는 것입니다.

조건반사

  교육학에서 교육의 정의는 '바람직한 방향으로 의도된 가르침을 통한 행동의 변화'입니다. 바람직하지 않거나, 의도하지 않았거나, 행동의 변화가 없는 것은 교육이 아닙니다. 가끔 학교 가서 엉뚱한 것을 배워오는 경우가 있는데 이것은 교사의 잘못이 아닙니다. 하라는 공부는 안 하고 딴짓을 한 학생의 잘못이지요.

학습의 방법에는 여러 가지가 있지만 그중에 흔히 쓰는 방법은 조건반사에 의한 강화나 약화입니다. '공부 잘하면 사탕 하나', '떠들면 손 들고 벌서기'가 대표적인 예입니다. 이를 고전적 조건형성이라고 합니다.

그런데 조건과 반사의 관계를 잘못 이해하면 엉뚱한 결과가 나오기도 합니다.

어느 집에서 소파를 새로 샀는데 그 집 고양이가 소파를 발톱으로 벅벅 긁어댑니다. 그러자 그 집 남편이 고전적 조건형성 방법을 통해 학습시키고자 고양이를 창문을 열고 밖으로 집어 던졌습니다. 그 후 고양이는 소파를 긁지 않았을까요?

그 고양이는 밖으로 나가고 싶을 때면 항상 소파를 긁어서 주인에게 신호를 보냈답니다. 고양이가 학습한 게 아니라, 사람이 학습을 당했네요.

잘못된 학습의 예를 하나 더 알아보겠습니다.

어느 독지가가 도움이 필요한 사람을 정해 매달 일정 금액을 후원해 주었습니다. 그러던 어느 날 평소보다 금액이 절반만 왔습니다. 그러자 무슨 실수가 있다고 생각한 피 후원자는 독지가에게 전화를 겁니다. 독지가는 자기 딸이 결혼하게 되어 돈 쓸 일이 많아서 부득이하게 절반만 보냈다고 했습니다.

그러자 피 후원자는 화를 버럭 내며 말을 합니다.

"당신 딸이 결혼하면 당신 돈을 써야지, 왜 내 돈을 쓰는 거요?"

넛지

남자 화장실에 가면 볼 수 있는 문구 중에 '남자가 흘리지 말아야 할 것은 눈물만이 아니다'라는 것이 있습니다. 일본에는 '반보 앞에, 총구는 변기 위에, 조준해서 발포하시오'半歩前へ 銃口は 便器の 眞上に。照準を 合わせて、発砲せよ!라는 문구가 있습니다. 좀 심각한 문구는 '한 걸음 앞으로, 너는 그렇게 크지 않아!!'一歩前 君のは そんなに でかくない!!가 있습니다.

그러나 인간이란 실수를 하는 동물이라서 오발사고를 일으키는 경우가 있습니다. 이러한 실수를 없애려면 어떻게 해야 할까요?

화장실마다 감시원을 둘 수도 있겠네요. 아니면 '서서 쏴'가 아니라 '앉아 쏴'를 하면 됩니다. 하지만 비용이나 인권 또는 '남자의 자존심' 같은 문제 때문에 좋은 방법은 아닙니다.

1990년대 초 네덜란드의 스키폴 국제공항의 청소반장이던 요스 반 베다프도 이 문제 때문에 골머리를 앓았습니다. 그러다가 아주 저렴하면서도 효과적인 방법으로 문제를 해결했습니다.

바로 소변기에 파리 스티커를 붙이는 것입니다. 그러자 남성들의 사냥 본능을 자극해서 파리를 맞추려고 하고, 그 때문에 오조준이 획기적으로 감소했습니다. 인간이란 합리적인 동물이 아니라 감정적인 동물이라는 것을 이용한 것입니다.

이렇게 간단한 방식으로 사람의 심리를 유도하는 것을 넛지라고 합니다. 리처드 탈러는 이 방식을 연구해 2017년 노벨경제학상 수상하기도 했습니다.

그런데 말입니다. 이 때문에 불쌍한 파리는 하루에도 수십 번 오줌 세례를 받게 됩니다. 이 불쌍한 파리의 이름은 오줌 파리입니다.

그런데 술 취해서 노상방뇨하는 사람에게는 넛지가 통하지 않습니다. 이런 취객에게는 다른 방법이 필요합니다. 함부르크의 상파울리에서는 담벼락에 물을 튀겨내는 초소수성 페인트를 칠했습니다. 만약 담벼락에 오줌을 싸면 바로 그 사람에게로 튀게 되어있습니다.

밀그램의 복종 실험

아돌프 아이히만은 유대인 학살 계획의 실무를 책임졌던 인물로 6 백만 명의 유대인을 학살한 인간입니다. 1960년 아르헨티나에서 모 사드에 의해 붙잡혀 공개재판을 받게 됩니다. 아이히만은 상관인 라 인하르트 하이드리히가 시킨 대로만 했을 뿐 자신에게는 잘못이 없 다고 변호합니다. 하지만 결국 1962년 교수형이 집행되어 죽습니다.

그런데 1961년 예일 대학교의 스탠리 밀그램은 다음과 같은 실험 을 합니다.

우선 피실험자들을 모집하여 교사와 학생으로 나누어 각각 다른 방 으로 들어갑니다. 교사가 학생에게 문제를 내고 학생이 틀리면 교사 가 스위치를 눌러 학생에게 전기 충격을 가합니다. 전기 충격은 15볼 트부터 시작해 문제를 틀릴 때마다 15볼트씩 증가하여 450볼트까지 올라갑니다. (실제 전기 충격은 없었습니다. 학생 역은 배우였고 전 기 충격받는 연기를 하였습니다.)

밀그램은 99.9%의 피실험자들은 인간이 죽을 수도 있는 450볼트까지 전기 충격을 주지 않고 도중에 실험을 거부하겠다고 생각했습니다. 하지만 실험 결과 65%의 피실험자가 450볼트까지 전압을 올렸습니다. 전압이 올라가며 학생이 고통에 비명을 지르고 애원을 하고 심지어는 이미 죽어버렸음에도 실험을 멈추지 않았습니다.

그렇다고 교사들이 사디스트였던 것도 아닙니다. 교사와 같이 있던 조교가 전기 충격을 주라는 지시에 안절부절못하고 식은땀을 흘리며 손가락을 덜덜 떨 정도로 극도의 스트레스를 받습니다.

대부분의 인간은 자신의 도덕적 판단보다는 오히려 권위에 복종하는 경향이 있다는 것을 보여주는 참으로 우울한 실험입니다. 이 연구 결과는 1963년 논문으로 발표됩니다. 조금 일찍 발표되었다면 아돌프 아이히만은 정상 참작이 되었을까요?

미국 켄터키주 어느 햄버거 지점에 경찰이 전화합니다. 경찰은 부매니저에게 여자 아르바이트생이 고객의 돈을 훔쳤으니 자신이 갈 때까지 아르바이트생을 감금하고 알몸 수색을 하라고 지시합니다.

이는 경찰을 가장한 인간의 장난 전화였습니다. 하지만 경찰관이라는 말에 부매니저는 실제로 감금과 수색을 했고 피해자 알바생은 부매니저를 고소합니다. 부매니저는 징역 1년을 선고받고 햄버거 지점에서 해고당합니다. 그리고 맥도날드를 상대로도 소송을 걸어 110만 달러를 배상받습니다. 그런데 장난 전화를 한 인간은 이런 터무니없는 지시는 장난임을 금세 알아차릴 수 있다는 이유로 무죄를 받습니다.

마시멜로 실험

마시멜로 실험은 스탠퍼드대 심리학자 월터 미셸이 1960년대에 개발한 실험입니다. 요약하면 아이들에게 마시멜로를 1개 준 후에 15분 동안 먹지 않고 기다리면 2개를 더 주기로 합니다. 이때 먹지 않고 참은 아이들이 커서 더 훌륭하게 되었다는 실험입니다. 실제로 1990년에 추적연구 결과를 통해 얻은 결론입니다. 참 그럴듯한 얘기라서 여기저기 많이 인용되는 이야기입니다.

그런데 2013년 로체스터 대학교의 홀리 팔메리와 리처드 애슬린이 1월 'Cognition'에 「Rational Snacking」이라는 제목으로 발표한 논문에서 이 실험에 의문을 제기합니다.

신뢰할 수 없는 환경에서 자란 아이들은 연구자의 말을 믿지 못하기 때문에 눈에 보이는 것을 먹는 것이고, 안정적인 환경에서 자란 아이들은 연구자의 말을 믿고 기다리는 것이라고 주장합니다. 즉 아이들이 자란 환경이 인내심과 미래에 더 영향을 미친다는 소리입니다.

실제로 뉴욕대의 타일러 와츠와 UC 어바인대의 그레그 던컨, 호

아난 콴은 다양한 인종, 민족, 부모의 교육 수준을 가진 900명 이상의 아이를 대상으로 실험하였고 그 결과를 2018년 논문으로 발표합니다.

'부유한 집 아이들은 나중에 부모가 군것질거리를 사줄 것을 확신하기 때문에 실험에 관심이 없었고, 더 오래 참았다'는 것입니다. 논문에 따르면 아이의 사회 경제적 배경 변수를 제거할수록 마시멜로 효과는 사회적 성공과 상관계수가 계속 떨어졌다고 합니다.

이제는 마시멜로 실험으로 아이들에게 인내심을 가지라는 말을 못하겠네요. 오히려 마시멜로 실험을 통해 아이가 불안한 가정에서 양육되었는지, 안정된 가정에서 양육되었는지 알 수 있을 것 같습니다.

깨진 유리창 이론

'깨진 유리창' 이론이란 깨진 유리창 하나를 내버려 두면 그 지점을 중심으로 범죄가 확산하기 시작한다는 이론으로, 사소한 무질서를 방치했다간 나중엔 지역 전체로 확산할 가능성이 높다는 이론입니다.

럿거스 대학의 범죄심리학 박사였던 조지 L. 켈링 교수는 1980년대에 뉴욕시의 지하철 흉악 범죄를 줄이기 위한 대책으로 당시 뉴욕 지하철에 도배되어 있던 낙서를 철저하게 지울 것을 제안합니다. 이 것은 깨진 유리창 이론을 응용한 것으로, 조지 L. 켈링 교수는 낙서가 방치된 상태는 창문이 깨져 있는 건물과 같은 상태라고 생각해서 낙서 지우기를 제안한 것입니다.

일단 이 방안이 채택되고 나서 낙서를 지우기 시작하는데, 낙서가 얼마나 많았던지 5년이 지난 뒤에야 모든 낙서를 지울 수 있었다고 합니다. 그러면 효과는 있었을까요?

낙서 지우기를 하고 2년 후부터는 중범죄 건수가 감소하기 시작하였으며, 94년에는 절반 가까이 감소했고, 결과적으로 뉴욕의 지하철

중범죄 사건은 75%나 줄어들었다고 합니다.

그런데 희한하게도 뉴욕뿐 아니라 당시 미국 전체의 범죄율이 하락했습니다.

심지어 경찰이 감소한 지역조차 범죄율이 하락합니다. 어찌 된 일일까요?

아마도 미국 전체의 범죄율 하락에 가장 큰 영향을 준 사건은 1973년 '로우 대 웨이드 판결'로 미국 내에서 낙태를 합법화한 판결입니다. 그 결과 할렘가의 신생아 수가 상당히 줄었고, 그 아이들이 성년이 되었을 나이인 1990년대에 범죄율이 감소한 것입니다.

제가 보기에는 이것이 사실일 것 같습니다. 그래야 미국 전체 범죄율 감소를 설명할 수 있습니다. 물론 낙서를 지우고 경범죄 단속을 통해 뉴욕이 깨끗해진 것도 사실입니다. 하지만 언론에서는 '낙태 합법화'가 범죄율 감소의 가장 큰 원인이라는 말을 하지는 못할 것입니다. 언론은 사실보다는 '이야기'에 관심이 있으니까요.

사회교과 문해력을 높이는 개념어 교실

1판 1쇄 인쇄 2023년 9월 5일
1판 1쇄 발행 2023년 9월 10일

지은이 강태형
펴낸이 이윤규

펴낸곳 유아이북스
출판등록 2012년 4월 2일
주소 서울시 용산구 효창원로 64길 6
전화 (02) 704-2521
팩스 (02) 715-3536
이메일 uibooks@uibooks.co.kr

ISBN 979-11-6322-104-3 (43300)
값 14,000원